Finance
经济管理类课程教材
金融系列

《国际金融》(第六版)学习指导书

GUOJI JINRONG (DI-LIU BAN) XUEXI ZHIDAOSHU

主编 陈雨露 王 芳

中国人民大学出版社
·北京·

出版说明

改革开放以来，中国的金融走上了高速发展的快车道，获得了前所未有的发展，有关院校都开设了金融课程，以便培养我国急需的人才。

一套高质量的教材是提高教学质量的前提之一。教材规定了教学内容，是教师授课取材之源，是学生求知和复习之本，没有优秀的教材，无法提高教学质量。中国人民大学出版社推出“经济管理类课程教材·金融系列”，旨在推动国内金融人才培养工作的发展。

组织编写这套教材时，我们遵照以下原则：

1. 教材实行本土化。为了更快地与国际接轨，许多人主张采用“拿来主义”原则，直接引进国外的教材。实践证明，我国与发达国家相比，国情不同，文化背景不同，思维方式不同，语言表述方式不同，广大的专家教授一致认为：我们培养的是中国金融人才，是为中国的金融服务的，教材还是本土化为宜。在了解我国现况之后，再学习国外的知识。把中国的背景知识与国际接轨才是我们最需要的。该套教材均为本土原创作品。

2. 精选作者，保证教材质量。金融与国家的政策联系紧密，应用性强，培养的学生既要懂理论，又要会应用，既要与国际接轨，又要考虑中国的国情。该套教材涵纳全国“政产学研”方面的作者，从源头上保证了这套书的质量。

3. 要始终保持教材的“精”与“新”。现代金融日新月异，课程设置不断变化。该套教材根据形势的发展，不断推出新课程教材，并不断修订、完善。

4. 形式多种多样，方便教材使用者。书中每章都设有“本章小结”、“本章要点”、“本章关键术语”、“本章思考题”和“本章练习题”等栏目。此外，各书还有配套的“学习指导书”，方便读者学习和使用。

总之，这套系列教材紧密结合当前国内外金融研究的最新成果与金融政策发展的实际情况，全面讲述金融基本理论和基本知识。我们相信“经济管理类课程教材·金融系列”的推出，能够为读者掌握现代金融知识、培养人才起到应有的作用。

中国人民大学出版社

前 言

本书是与《国际金融（第六版）精编版》配合使用的教学辅助资料。目的在于帮助学生开阔视野，加深对国际金融相关事件的理解，更好地掌握与运用基础理论，从而能够独立地分析和评价丰富多彩的国际金融活动。同时，本书也可以为广大教师备课、考核、组织教学等提供参考。

本书对以往出现的错误进行了订正，并根据教材内容对一些题目和答案做了更新。需要说明的是，本书提供的“参考答案”仅供学习时参考使用。为培养学生独立思考和分析问题的能力，本书只对计算题提供答案，故意忽略了详细解题过程；对部分“分析讨论题”，则只提供了研究思路或评分要点。原因在于，“分析讨论题”一方面要求学生查阅相关资料，另一方面鼓励学生结合课堂所学独立思考，进而给出自己的观点以及论证理由。对于那些尚未有定论的议题，回答的关键不在于观点正确与否，而在于能否以理论或事实的证据来支持自己的观点，做到自圆其说。

本书由陈雨露、王芳主编。王芳负责第六版修订工作。储青青、苗艺馨同学在修订过程中承担了大量资料搜集和文字整理工作，在此一并致谢。感谢中国人民大学出版社经济分社编辑给予的大力帮助！感谢广大读者一如既往的支持与鼓励！

编 者

目　录

第一章 外汇与外汇汇率

第一部分　背景资料

一、学习准备

2011年，全球外汇市场波动性较大。美元汇率先贬后升，虽然全年变化不大，但波动剧烈。与此对应的是，欧元和大多数新兴市场货币对美元均是先升后贬，全年欧元对美元贬值3.19%，而日元对美元则升值5.22%。

从某种程度来说，2011年全球汇率市场的变化格局由欧洲债务危机的演化主导。由于欧元区是货币联盟，单个国家没有独立行使货币（汇率）政策的权利，因此无法通过货币贬值来减少外债负担、增加出口及提高经济增长。2011年年初至4月底，欧债风险有所下降，推动美元振荡贬值。自5月中旬以后，由于市场对希腊债务重组的悲观预期，债务危机逐步扩散到意大利等核心国家，并于9月演变成欧元区债务和银行业流动性危机以及全球经济增长危机，市场避险需求大幅上升。美元作为安全岛资产的特性进一步体现，美元大幅升值。

二、学习目的和要求

本章的主题是阐述外汇与外汇汇率的一般理论知识，核心问题是外汇和汇率的概念、汇率的报价方法和种类、汇率的决定因素和影响因素、汇率的经济影响。具体地说，需要理解和掌握如下知识点：

（1）外汇的含义、特征、范畴和渊源。

（2）汇率的含义和种类。

（3）直接标价法、间接标价法和美元标价法。

（4）金本位制度和纸币本位制度下汇率的决定因素和影响因素。

（5）汇率变化对经济的影响。

（6）人民币汇率制度的基本内容和未来改革方向。

三、知识准备

1. 货币银行学以及国际贸易的基本知识。

2. 国际结算的支付方式（如信汇、电汇和票汇等）和支付工具（如汇票、本票、支票等）相关知识。

四、学习拓展

● **案例探讨**

■ 2005 年 7 月 21 日中国人民银行发布有关人民币汇制改革公告

自 2005 年 7 月 21 日起，我国开始实行以市场供求为基础、参考一篮子货币进行调节、有管理的浮动汇率制度。人民币汇率不再钉住单一美元，形成更富弹性的人民币汇率机制。

中国人民银行于每个工作日闭市后公布当日银行间外汇市场美元等交易货币兑人民币汇率的收盘价，作为下一个工作日该货币兑人民币交易的中间价格。

2005 年 7 月 21 日 19：00 时，美元兑人民币交易价格调整为 1 美元兑 8.11 元人民币，作为次日银行间外汇市场上外汇指定银行之间交易的中间价，外汇指定银行可自此时起调整对客户的挂牌汇价。

现阶段，每日银行间外汇市场美元兑人民币的交易价仍在人民银行公布的美元交易中间价上下 3‰的幅度内浮动，非美元货币兑人民币的交易价在人民银行公布的该货币交易中间价上下一定幅度内浮动。

中国人民银行将根据市场发育状况和经济金融形势，适时调整汇率浮动区间。同时，中国人民银行负责根据国内外经济金融形势，以市场供求为基础，参考一篮子货币汇率变动，对人民币汇率进行管理和调节，维护人民币汇率的正常浮动，保持人民币汇率在合理、均衡水平上的基本稳定，促进国际收支基本平衡，维护宏观经济和金融市场的稳定。

■ 2008 年金融危机前后主要货币汇率表现

初期，由美国房地产泡沫引发的美国次贷危机使得美元名义有效汇率一度贬值约 10%。由于英国和美国相对更紧密的经济、金融联系以及英国抵押贷款市场结构更接近美国模式，美国次贷危机给英镑和欧元带来不对称的影响，英镑名义有效汇率贬值约 11%，英镑对美元持平；欧元名义有效汇率升值约 10%，欧元对美元升值约 20%。美元的贬值和大宗商品价格的上涨使得黄金、澳元和加元等大宗商品货币大幅升值。

2008 年 9 月 15 日雷曼兄弟申请破产使得美国次贷危机迅速恶化为全球性的金融危机。

投资者的避险情绪使得避险货币和以避险货币计价、流动性高的资产备受青睐，日元、美元、黄金和瑞士法郎大幅升值，特别是日元，其升值幅度高达31%。全球金融危机引发的经济收缩使得大宗商品货币大幅贬值，其中澳元贬值26%，加币贬值16%。

避险情绪逐渐下降，美元、日元作为避险货币的作用减弱，它们的价值随之回落，美元贬值13%，日元贬值7%；大宗商品货币的升值得益于市场对经济复苏的乐观和投资者风险偏好的好转，同期澳元升值32%，加元升值20%，挪威克朗升值10%，新西兰元升值26%等。

此后，欧元区周边国家的债务问题引发了全球性的主权债务危机，更引起了欧洲货币联盟破裂的猜测。各种风险和担忧对欧元造成了巨大压力，欧元贬值12%，美元升值6%，欧元对美元大幅贬值约19%，英镑贬值3%，日元、瑞士法郎和黄金分别升值7%、0.3%和12%。大宗商品货币总体上扬。

● **相关网站**

■ 伦敦《金融时报》网站 http://www.ft.com/

■ 人民币汇率行情可以查阅：
国家外汇管理局网站 http://www.safe.gov.cn/
中国银行网站 http://www.boc.cn/

■ 有关汇市评论可以查阅：
《华尔街日报》网站 http://wall-street.com/
和讯网 http://www.hexun.com/
国研网 http://www.drcnet.com.cn/

第二部分　练习题

一、本章要义

练习说明：请结合学习情况在以下段落空白处填充适当的文字，使上下文合乎逻辑。

外汇和汇率是学习国际金融的出发点。研究发现，外汇制度的更迭，汇率的起伏，对于经济领域的方方面面都会产生至关重要的影响，对你、我或者其他人的日常生活也不例外。随着我国与国际经济交往的日益频繁，我们的感受会越来越强烈。

外汇的概念可以从两个角度来考察：其一，将一国货币兑换成另一国货币的过程，也就是（1）________的外汇概念；其二，国家间为清偿债权债务关系进行的汇兑活动所凭借的手段和工具，也就是（2）________的外汇概念。通常意义上的外汇都是指后者。外汇的主要特征体现在两个方面：外汇是以（3）________表示的资产，外汇必须是可以（4）________成其他形式的，或者以其他货币表示的资产。因此，外汇并不仅仅包括可兑换的外国货币，外汇资产的形式有很多，例如，（5）________、（6）________、（7）________等。

（8）________是外汇这一特殊商品的价格，又称（9）________，是不同货币之间兑换的比率或者比价，或者说是以一种货币表示的另一种货币的价格。（10）________和间接标价法是两种基本的汇率标价方法。前者是指以一定单位的外国货币为标准，来计算折合多少单位的本国货币；后者是指以一定单位的本国货币为标准，来计算折合多少单位的外国货币。目前，国际市场上通行的（11）________，是以美元作为标准公布外汇牌价。汇率根据不同的标准可以分为不同的种类，例如，买入价、卖出价和中间价；即期汇率和远期汇率；（12）________和套算汇率；电汇汇率、（13）________和票汇汇率；官方汇率和市场汇率；贸易汇率和金融汇率；固定汇率和浮动汇率；名义汇率和实际汇率。

19 世纪初到 20 世纪初，西方资本主义国家普遍实行的是（14）________制度，各国货币都以黄金铸成，金铸币有一定的重量和成色，有法定含金量；金币可以（15）________、（16）________、自由输出入，具有无限清偿能力。在这种货币制度下，汇率是相当稳定的，这是因为两种货币汇率决定的基础是铸币平价，即两种货币（17）________之比。而各国货币法定的含金量一旦确定，一般不轻易改动，因而铸币平价是比较稳定的。当然，金本位制度下的汇率同样会根据外汇供求关系的作用而上下浮动。当某种货币供不应求时，汇价会上涨，超过铸币平价；反之，汇价就会下跌，低于铸币平价。但是，汇率变动不是无限制的，而是在铸币平价上下各一定界限内，这个界限就是(18)________。汇率波动上限是（19）________点；下限是（20）________点。

金本位制度崩溃后，出现了纸币制度。汇率决定的基础不再是铸币平价，而是两国货币的（21）________对比。它可以用表明通货膨胀程度的（22）________来衡量。与金本位制度不同，纸币制度下汇率波动没有黄金输送点的制约，是无限的。此时影响汇率波动的因素有很多，主要有国际收支差额、利率水平、通货膨胀率、财政货币政策、投机资本、政府的市场干预、一国经济实力以及其他非经济和非市场的因素。

汇率变化还会对贸易收支、价格水平、资本流动、外汇储备、财政税收、收入分配以及国际经济关系产生影响。汇率波动对于贸易收支的影响一向是国际金融理论研究的重点。一般认为，一国货币（23）________，有利于该国出口，不利于该国进口；反之，一国货币（24）________，有利于该国进口，不利于该国出口。于是，很多国家便以本币贬值作为促进出口、改善国际收支的重要手段，这就是（25）________。但是，这一政策存在很多问题，并不一定能够达到预期目的。一方面，货币贬值要发挥对出口的推动作用，需要具备一定的条件，例如进出口需求弹性之和大于 1，即著名的（26）________。另一方面，即使符合条件，货币贬值也会导致国际收支改善的政策效应具有一定的时滞，一般认为，贬值最初会恶化国际收支，经过一段时期后，才会推动出口和抑制进口，这就是（27）________，一般认为这段时期为 9～12 个月。

人民币汇率是我国货币——人民币对外币的比价，是其对外价值的体现，长期以来由政府授权的（28）________统一制定、调整和管理。人民币汇率采用（29）________，以 100 单位外币为标准折合人民币若干元。1994 年 1 月 1 日，我国进行了外汇管理体制改革，人民币汇率实行以市场为基础的、有管理的单一浮动汇率，实施银行结汇售汇制，并建立了银行间外汇交易市场，改进了汇率形成机制。1996 年 12 月，我国实现了人民币

(30) ________下的完全可兑换。自 2005 年 7 月 21 日起，为了增强人民币汇率的弹性，我国货币当局采取了一系列措施，例如进一步放松经常项目和资本项目外汇管制，完善外汇市场和放宽人民币汇率的波动范围限制。

二、重要概念释义选择

练习说明：请从文字框中为下列国际金融术语选择匹配的定义或描述，将对应的字母编号填入空格处。个别术语有可能对应不止一个描述；如果需要，任意描述可以使用多次。

1. 静态外汇__________
2. 外汇汇率__________
3. 间接标价法__________
4. 买入价__________
5. 即期汇率__________
6. 远期汇率__________
7. 套算汇率__________
8. 复汇率__________
9. 电汇价__________
10. 票汇率__________
11. 法定汇率__________
12. 浮动汇率__________
13. 实际汇率__________
14. 铸币平价__________
15. 马歇尔-勒纳条件__________
16. 外汇倾销__________
17. 黄金输送点__________

A. 一种外汇汇率标价方法。以一定单位的本国货币为标准（比如 1，100，10 000 等），来计算折合若干单位的外国货币。
B. 一种特殊商品，它是可以在国际上自由兑换、自由买卖的资产。
C. 又称期汇率，是交易双方达成外汇买卖协议，约定在未来某一时间进行外汇实际交割所使用的汇率。该汇率既不同于即期汇率，也不是外汇市场未来的汇率水平。
D. 可以分为贸易汇率和金融汇率。前者是用于进出口贸易及其从属费用计价结算的汇率；后者是用于非贸易往来如劳务、资本移动等方面的汇率。
E. 在名义汇率基础上剔除了通货膨胀因素后的汇率。用过去一段时期两种货币各自的通货膨胀率（物价指数上涨幅度）对现期名义汇率加以校正，可以较为准确地反映不同货币实际的购买力水平。
F. 又称官方汇率，是外汇管制较严格的国家授权其外汇管理当局制定并公布的本国货币与其他各种货币之间的外汇牌价。

G. 金本位制度下两种货币之间含金量之比，是决定两种货币汇率的基础。
H. 在有通货膨胀的国家中，货币当局通过促使本币对外贬值，且货币对外贬值的程度大于对内贬值的程度，借以用低于原来在国际市场上的销售价格倾销商品，从而达到提高商品的海外竞争力、扩大出口、增加外汇收入和最终改善贸易差额的目的。
I. 本国货币与其他国家货币之间的汇率不由官方制定，而由外汇市场供求关系决定，可自由浮动，可以进一步分为自由浮动、管理浮动、联合浮动、钉住浮动等。
J. 以电报、电传等电汇方式支付外汇所使用的汇率。因为外汇支付速度快，减少了银行占用的利息，因而汇率水平较高。
K. 又称现汇率，是交易双方达成外汇买卖协议后，在两个工作日以内办理交割的汇率。这一汇率一般就是现时外汇市场的汇率水平。
L. 银行从客户或同业那里买入外汇时使用的汇率。
M. 不同货币之间兑换的比率或比价，或者说是以一种货币表示的另一种货币的价格。
N. 本币与非关键货币之间的汇率，是在基础汇率的基础上套算出来的。
O. 银行买卖即期汇票的汇率。
P. 进出口需求弹性之和必须大于 1，即$(d_x+d_m)>1$（d_x，d_m 分别代表出口和进口的需求弹性），这是本币贬值改善贸易逆差的前提条件。这一理论假定货币贬值时其他条件不变，而且所有有关产品的供给弹性极大。
Q. 金本位制度下汇率波动的界限。由黄金输入点和黄金输出点构成。黄金输出点所处的汇率等于铸币平价加上两国之间运输黄金所需要的运输费、保险费、包装费以及改铸费等额外费用，是汇率波动的上限；黄金输入点所处的汇率等于铸币平价减去两国之间运输黄金所需要的运输费、保险费、包装费以及改铸费等额外费用，是汇率波动的下限。

三、判断对错

练习说明：判断下列表述是否正确，并在对（T）或错（F）上画圈。

T　F　1. 外汇与外国货币不是同一个概念，外汇的范畴要大于外国货币。

T　F　2. 美元是国际货币体系的中心货币，因此，美元对其他所有国家货币的报价都采用间接标价法。

T　F　3. 一国货币如果采用直接标价法，那么汇率的上升就意味着本币的升值。

T　F　4. 客户从银行手中买入或者向银行卖出外汇的价格是不一样的，前者为买入价，后者为卖出价，买入价和卖出价之间的价差是银行的经营费用和利润。

T　F　5. 信汇汇率和票汇汇率都低于电汇汇率，这是因为电汇方式的支付速度最快，银行占用的利息最少。

T　F　6. 因为实际汇率剔除了不同国家之间的通货膨胀差异，因而比名义汇率更能反映不同货币实际的购买力水平。

T　F　7. 黄金输出点等于铸币平价减去输出黄金的成本，包括运输费、保险费、包装费以及改铸费。黄金输入点等于铸币平价加上黄金输入的成本。黄金输出点和黄金输入点之间的中点就是铸币平价。

T F 8. 一国货币升值会增加该国进口，减少该国出口，国际收支的恶化反过来又会导致该国货币贬值。因此，即使在纸币制度下，汇率的波动也是有限的，并最终会返回到其均衡位置。

四、不定项选择

练习说明：以下各题备选答案中有一个或一个以上是正确的，请将正确答案的字母编号填入括号内。

1. 以下哪种资产属于外汇的范畴？（ ）

A. 外币有价证券　　B. 外汇支付凭证

C. 外国货币　　D. 外币存款凭证

2. 以下哪个（些）国家采用的是间接标价法？（ ）

A. 美国　　B. 德国

C. 意大利　　D. 爱尔兰

3. 银行买入价与卖出价之间的差距取决于哪些因素？（ ）

A. 外汇市场行情　　B. 银行的经营策略

C. 关键货币的走势　　D. 对未来汇率的预期

4. 远期汇率升贴水取决于哪些因素？（ ）

A. 不同外汇市场上的利率差异　　B. 供求关系

C. 对未来汇率的预期　　D. 未来交割时的市场现汇率

5. 根据外汇交易中的支付方式来划分，汇率的种类包括（ ）。

A. 电汇汇率　　B. 即期汇率

C. 信汇汇率　　D. 票汇汇率

6. 以下哪种汇率分类方法在所有国家都存在？（ ）

A. 官方汇率与市场汇率　　B. 贸易汇率与金融汇率

C. 买入汇率与卖出汇率　　D. 基础汇率与套算汇率

7. 金本位制度下，两国货币的铸币平价在数量上等于（ ）。

A. 两国货币之间含金量之比

B. 两国货币之间的汇率

C. 黄金输入点和黄金输出点的中点

D. 黄金输出点的汇率加上对外支付黄金的成本

8. 金本位制度下，下列哪种（些）因素会引起以间接标价法表示的一国货币汇率的上升？（ ）

A. 同样货币单位的法定含金量增加

B. 该国贸易顺差增加或者贸易逆差减少

C. 由于技术进步，该国货币改铸为黄金所需要的费用减少

D. 该国外债偿还高峰出现

9. 扩张性货币政策在短期内可以导致一国货币贬值，是因为（ ）。

A. 通货膨胀率上升削弱了该国货币的购买力

B. 生产能力扩张改善了国际收支，影响了货币供求
C. 买入外币、卖出本币的公开市场操作改变了外汇供求关系
D. 市场利率的下跌改变了针对不同货币资产投资的收益率对比关系

10. 本币贬值不一定能够改善国际收支，这是因为（　　）。
A. 不同国家、不同商品的需求弹性存在差异
B. 其他国家对外汇倾销的抵制
C. 微观经济主体认为汇率会进一步贬值，反而增加进口或者输出资本
D. “收效期”内国内物价上升程度超过本币贬值的程度

11. 法定升、贬值（revaluation，devaluation）在下列哪种货币制度下存在？（　　）
A. 浮动汇率制度　　B. 布雷顿森林体系
C. 金本位制度　　D. 固定汇率制度

12. 在典型金本位制度下，以下哪种（些）表述是正确的？（　　）
A. 各国货币均以黄金铸成
B. 汇率一经确定，轻易不会变动
C. 黄金可以自由流通、自由铸造和自由输出入
D. 各国货币的购买力是相对稳定的

13. 无论在金本位制度下，还是在纸币制度下，汇率都主要受到两个因素的影响，它们是（　　）。
A. 一国金融体系的结构　　B. 货币购买力
C. 外汇交易技术　　D. 货币的供求关系

14. 法定的复汇率一般包括：（　　）。
A. 官方汇率　　B. 贸易汇率
C. 金融汇率　　D. 市场汇率

15. 下列因素中有可能引起一国货币贬值的因素有：（　　）。
A. 国际收支逆差　　B. 通货膨胀率高于其他国家
C. 国内利率上升　　D. 国内总需求增长快于总供给

16. 利率上升引起本国货币升值，其传导机制是（　　）。
A. 吸引资本流入　　B. 鼓励资本输出
C. 抑制通货膨胀　　D. 刺激总需求

17. 我国负责管理人民币汇率的机构是（　　）。
A. 国家统计局　　B. 国家外汇管理局
C. 国家发改委　　D. 商务部

五、问答题

练习说明：请根据学习内容回答下列问题，计算题应给出过程和答案。

1. 动态外汇和静态外汇分别指什么？
2. 外汇的主要特征有哪些？
3. 汇率有哪几种标价方法？它们分别有哪些特征？

4. 金本位制度下，汇率的决定因素是什么？汇率的变动具有哪些特征？

5. 纸币制度下，汇率是由什么因素决定的？

6. 纸币制度下，引起汇率变动的因素有哪些？它们与汇率之间具有什么样的关系？

7. 如何理解本币贬值对进出口贸易的影响？

8. 论述汇率和价格水平之间的联系。

9. 汇率变动会对资本流动产生什么影响？

10. 汇率贬值后，为什么会出现国际收支先恶化后改善的过程？

11. 如果你以电话向中国银行询问英镑兑美元的汇价，中国银行答复道：“1.690 0/1.691 0”。请问：

(1) 中国银行以什么汇价向你买进美元？

(2) 你以什么汇价从中国银行买进英镑？

(3) 如果你向中国银行卖出英镑，使用什么汇率？

12. 某银行询问美元兑新加坡元的汇价，身为交易员的你答复道：“1.640 3/1.641 0”。请问，如果该银行想把美元卖给你，汇率是多少？

13. 某银行询问美元兑港币汇价，身为交易员的你答复道：“1 美元＝7.800 0/7.801 0 港币”。请问：

(1) 该银行要向你买进美元，汇价是多少？

(2) 如果你要买进美元，应按什么汇率计算？

(3) 如果你要买进港币，又是什么汇率？

14. 如果你是 ABC 银行交易员，客户向你询问澳元兑美元汇价，你答复道：“0.768 5/0.769 0”。请问：

(1) 如果客户想把澳元卖给你，汇率是多少？

(2) 如果客户要买进澳元，汇率又是多少？

15. 如果你向中国银行询问欧元兑美元的报价，回答是“1.294 0/1.296 0”。请问：

(1) 中国银行以什么汇率向你买入美元，卖出欧元？

(2) 如果你要买进美元，中国银行给你什么汇率？

(3) 如果你要买进欧元，汇率又是多少？

16. 如果你是银行，客户向你询问美元兑瑞士法郎汇价，你答复道：“1.410 0/1.411 0”。请问：

(1) 如果客户要把瑞士法郎卖给你，汇率是多少？

(2) 你以什么汇价向客户卖出瑞士法郎？

(3) 如果客户要卖出美元，汇率又是多少？

17. 如果你代表银行向客户报出美元兑港币汇率为 7.805 7/7.806 7，客户要以港币向你买进 100 万美元。请问：

(1) 你应给客户什么汇价？

(2) 假设客户以你的上述报价向你购买了 100 万美元。随后，你打电话给一经纪公司想买回美元平仓。几家经纪公司的报价是：

经纪公司 A：7.805 8/7.806 5

经纪公司 B：7.806 2/7.807 0

经纪公司 C：7.805 4/7.806 0

经纪公司 D：7.805 3/7.806 3

你同哪一家经纪公司交易对你最为有利？汇价是多少？

18. 假设银行同业间的美元兑港币报价为 7.890 5/7.893 5。某客户向你询问美元兑港币报价，如果你需要赚取 5 个点作为银行收益，你应如何报出买入价和卖出价？

19. 根据下面的银行报价回答问题：

美元/日元 103.4/103.7

英镑/美元 1.304 0/1.305 0

请问：某进出口公司要以英镑支付日元，那么该公司以英镑买进日元的套汇价是多少？

20. 根据下面的银行报价回答问题：

美元/日元 153.40/153.50

美元/港币 7.801 0/7.802 0

请问某公司以港币买进日元支付货款，日元兑港币汇价是多少？

21. 根据银行报价：

美元/瑞典克朗 6.998 0/6.998 6

美元/加拿大元 1.232 9/1.235 9

请问某中加合资公司要以加拿大元买进瑞典克朗，汇率是多少？

22. 假设银行报价：

美元/日元 145.30/145.40

英镑/美元 1.848 5/1.849 5

请问某公司要以日元买进英镑，汇率是多少？

六、分析讨论题

自 2003 年起，国际社会强烈呼吁人民币升值。自 2005 年 7 月 21 日起，我国开始实行以市场供求为基础、有管理的浮动汇率制度。在这一新阶段的汇率制度改革中，人民币汇率的基本走势是在不断升值的。从升值幅度看，2005 年 7 月—2006 年 5 月，人民币兑美元的汇率水平处在较为平稳的升值阶段，但是一直维持在 8∶1 以上。到了 2006 年 6 月中旬以后，人民币兑美元汇率冲破了 8∶1 关口，而 2006 年 7 月—2008 年，人民币兑美元的汇率表现为明显的加速升值态势。截至 2008 年 4 月，人民币兑美元中间价为 7.002。2008 年国际金融危机爆发，世界主要货币的贬值情况普遍比较严重。为了应对当时的形势，我国在原定制度下收窄了人民币汇率的波动幅度。之后，随着经济的复苏，我国对外经济形势得到改善。2010 年 6 月 19 日，中国人民银行表示，将“进一步推进人民币汇率形成机制改革，增强人民币汇率弹性”，此后人民币兑美元汇率重新回到了平稳升值的轨道。截至 2015 年 8 月，人民币兑美元汇率接近 6.1∶1 关口，累计升值率逾 35%。

2015 年 8 月 11 日，中国人民银行宣布完善人民币汇率中间价形成机制，规定做市商在每日银行间外汇市场开盘前，参考上日银行间外汇市场收盘汇率，综合考虑外汇供求情况以及国际主要货币汇率变化向中国外汇交易中心提供中间价报价。2015 年 12 月 11 日，中国外汇交易中心发布人民币汇率指数，加大了参考一篮子货币的力度，以更好地保持人民币兑一篮子货币汇率基本稳定，初步形成了“收盘价＋一篮子货币汇率变化”的人民币兑美元汇率中间价形成机制。2017 年 5 月 26 日，中国人民银行表示在汇率形成机制中引入逆周期因子，修改中间价报价模型，将中间价报价模型调整为“收盘价＋一篮子货币汇率变化＋逆周期因子”。自 2017 年 1 月始，人民币兑美元汇率一改“8・11”汇改以来的贬值态势，重回升值通道。截至 2017 年 12 月 31 日，人民币兑美元中间价为 6.511 6，年累计升值 6.8%。

对此，有些经济学家认为，我国经济还处于转型阶段，急于将人民币升值或是扩大人民币的浮动幅度将影响我国经济的持续健康发展。

你认为人民币该升值还是贬值？如何评价人民币汇率改革的成效？请说明原因。

第三部分 参考答案

一、本章要义

(1) 动态
(2) 静态
(3) 外币
(4) 自由兑换
(5) 外币有价证券
(6) 外汇支付凭证
(7) 外币存款凭证
(8) 外汇汇率
(9) 外汇汇价
(10) 直接标价法
(11) 美元标价法
(12) 基础汇率
(13) 信汇汇率
(14) 金本位
(15) 自由流通
(16) 自由铸造
(17) 含金量
(18) 黄金输送点
(19) 黄金输出
(20) 黄金输入
(21) 购买力
(22) 物价指数
(23) 贬值
(24) 升值
(25) 外汇倾销
(26) 马歇尔-勒纳条件
(27) J 曲线效应
(28) 国家外汇管理局
(29) 直接标价法
(30) 经常项目

二、重要概念释义选择

1. B
2. M
3. A
4. L
5. K
6. C

7. N	8. D	9. J
10. O	11. F	12. I
13. E	14. G	15. P
16. H	17. Q	

三、判断对错

FFFFT　TFF

四、不定项选择

1. ABD	2. AD	3. AB	4. ABC
5. ACD	6. CD	7. AC	8. AB
9. ACD	10. ABCD	11. BCD	12. ACD
13. BD	14. BC	15. ABD	16. AC
17. B			

五、问答题

1. 答：动态的外汇概念是指一国货币兑换成另一国货币的实践过程，通过这种活动来清偿国家间的债权债务关系；静态的外汇概念指国家间为清偿债权债务关系进行的汇兑活动所凭借的手段和工具，或者说是用于国际汇兑活动的支付手段和工具。

2. 答：外汇的主要特征包括两个方面：（1）外汇是以外币表示的资产；（2）外汇必须是可以自由兑换成其他形式的，或以其他货币表示的资产。因此，可兑换的外国货币只是外汇资产中最基本的一种形式。外汇资产的形式还包括外币有价证券、外汇支付凭证、外币存款凭证。

3. 答：基本的汇率标价方法包括直接标价法与间接标价法。第二次世界大战后由于美元是世界货币体系的中心货币，各国外汇市场上均以“美元标价法”来公布外汇牌价。

直接标价法是指以一定单位的外国货币为标准（1，100，10 000 等）来计算折合多少单位的本国货币。这种标价法的特点是，外币数额固定不变，折合本币的数额根据外国货币与本国货币币值对比的变化而变化。如果一定数额的外币折合本币的数额增加，说明外币升值、本币贬值；反之，如果一定数额的外币折合本币的数额减少，则外币贬值、本币升值。

间接标价法是指以一定单位的本国货币为标准（比如 1，100，10 000 等）来计算折合若干单位的外国货币。这种标价法的特点是以本币为计价标准，固定不变，折合外币的数额根据本币与外币币值对比的变化而变化。如果一定数额的本币折合外币的数额增加，说明本币升值、外币贬值；反之，如果一定数额的本币折合外币的数额减少，则本币贬值、外币升值。

“美元标价法”则是以关键货币美元为标准公布外汇牌价，美元以外其他各种货币之间的比价根据与美元的汇率套算。

4. 答：金本位制度是从19世纪初到20世纪初资本主义国家实行的货币制度。金本位制度下，两种货币之间含金量之比，即铸币平价，是决定两种货币汇率的基础。

一般而言，法定的含金量一经确定，一般是不会轻易改动的，因此，作为汇率基础的铸币平价是比较稳定的。但是，金本位制度下，汇率也会波动，波动的特征体现为：(1) 影响汇率波动的因素是外汇供求关系。当某种货币供不应求时，即出口增加，贸易顺差累积时，其汇价会上涨，超过铸币平价；当某种货币供大于求时，即进口增加，出口减少，有大量贸易逆差时，其汇价会下跌，低于铸币平价。(2) 金本位制度下，汇率变动是有限度的，被界定在铸币平价上下各一定界限内，这个界限就是黄金输送点。金本位制度下黄金可以自由熔化、自由铸造和自由输出入，使得黄金可以代替货币、外汇汇票等支付手段用于国家间的债务清偿。具体而言，一方面，当外汇汇率上涨达到或超过某一界限时，本国债务人用本币购买外汇的成本（汇率）会超过直接输出黄金支付的成本（输出黄金的运输费、保险费、包装费以及改铸费等），于是引起黄金输出，引起黄金输出的这一汇率界限就是“黄金输出点”。另一方面，当外汇汇率下跌，达到或低于某一界限时，本国拥有外汇债权者用外汇兑换本币所得会少于用外汇在国外购买黄金再输回国内所得，从而引起黄金输入，引起黄金输入的这一汇率界限就是“黄金输入点”。黄金输出（入）点所处的汇率等于铸币平价加上（减去）两国之间运输黄金所需要的运输费、保险费、包装费以及改铸费等额外费用。

5. 答：纸币制度下，货币的购买力对比成为汇率的基础。货币对内价值是决定对外价值（即汇率）的基础。在纸币制度下，货币的对内价值可以用通货膨胀程度来衡量，并具体体现于货币在国内的购买力高低，货币购买力用能表明通货膨胀程度的物价指数计算。一国物价指数上涨，通货膨胀水平提高，该国货币购买力就相应下降，它在国际市场上的汇率也会相应下跌；反之，当一国物价指数上涨程度较其他国家慢，通货膨胀水平较低，意味着该国货币购买力提高，它在国际市场上的汇率也会相应上升。

6. 答：纸币制度下影响汇率变动的因素主要有以下几个方面：

(1) 国际收支差额。当一国有较大的国际收支逆差或贸易逆差时，说明本国外汇收入比外汇支出少，对外汇的需求大于外汇供给，外汇汇率上涨，本币对外贬值；反之，当一国处于国际收支顺差或贸易顺差时，本币对外升值，外汇汇率下跌。

(2) 利率水平。当一国提高利率水平或本国利率高于外国利率时，会引起资本流入，由此对本国货币需求增大，使本币升值，外汇贬值；反之，当一国降低利率水平或本国利率低于外国利率时，会引起资本从本国流出，由此对外汇需求增大，使外汇升值，本币贬值。利率水平变动还会引起远期汇率变化。高利率货币会引起市场上对该货币的需求，以期获得一定期限的高利息收入，但为了防止将来到期时该种货币汇率下跌带来的风险和损失，人们在购进这种货币现汇时往往会采取掉期交易，即卖出这种货币的远期，从而使其远期贴水；同理，低利率的货币则会出现远期升水。

(3) 通货膨胀因素。一国通货膨胀率上升，高于其他国家时，货币购买力下降，纸币对内贬值引起对外贬值。

(4) 财政、货币政策。短期而言，扩张性的财政、货币政策造成的巨额财政赤字和通货膨胀，会使本国货币对外贬值；紧缩性的财政、货币政策会减少财政支出，稳定通货，而使本国货币对外升值。但财政、货币政策对汇率的长期影响，则要视这些政策对经济的长期影响而定，如果扩张性政策能最终增强本国经济实力，促使国际收支顺差，则本币升值；如果紧缩性政策导致本国经济停滞不前，国际收支逆差扩大，那么本币对外价值必然逐渐削弱，即本币贬值。

(5) 投机资本。投机资本对汇率的作用是复杂多样且捉摸不定的。有时，投机风潮会使外汇汇率跌宕起伏，失去稳定；有时投机交易则会抑制外汇行市的剧烈波动。

(6) 政府的市场干预。货币当局在市场上大量买进或抛出本币或外汇的“公开市场业务”，会在短期内改变外汇供求关系，促使汇率发生变化。

(7) 一国经济实力。一国经济实力强弱对汇率变化的影响是较长期的。较强的经济实力不仅形成本币币值稳定和坚挺的物质基础，也会使外汇市场上人们对该货币的信心增强。反之，一国经济实力差，本币就失去稳定的物质基础，对外不断贬值。经济实力可以通过经济增长率、通货膨胀水平、国际收支状况、外汇储备以及经济结构、贸易结构等指标表现出来。

(8) 其他因素。一些非经济因素、非市场因素的变化会不同程度地影响有关国家的经济政策、经济秩序和经济前景，从而改变人们的心理预期，引起外汇市场波动。此外，黄金市场、股票市场、石油市场等其他投资品市场价格变化也会引致外汇市场汇率联动。

7. 答：汇率变化对贸易产生的影响一般表现为：一国货币对外贬值后，有利于本国商品的出口，不利于外国商品的进口，会改善一国的贸易条件。而一国货币对外升值后，则有利于外国商品的进口，不利于本国商品的出口，因而会减少贸易顺差或扩大贸易逆差。

但是，要实现通过本币贬值改善贸易收支，需要一定的前提条件。

首先，本币贬值要改善贸易收支，需要符合马歇尔-勒纳条件，即进出口需求弹性之和必须大于1，即$(d_x+d_m)>1$（d_x，d_m 分别代表出口和进口的需求弹性）。进出口的需求弹性是指由进口商品或出口商品价格的百分比变动引起的对进出口商品需求的百分比变动。

其次，货币贬值改善贸易差额需要一个“收效期”，这就是J曲线效应。在现实中，收效快慢取决于供求反应程度高低，并且在汇率变化的收效期内会出现短期的国际收支恶化现象。贬值后国际收支先恶化后改善的过程是汇率变化“时滞”的体现，“时滞”之所以出现，是因为：贸易合同都是有期限的；贸易商的认识和决策时滞；贬值初期按照新汇率结算的旧合同引起的损失；以及进口商对进一步贬值的预期。J曲线效应的期限为9～12个月，如果在这个期限内，马歇尔-勒纳条件能够满足，那么国际收支就能得到理想的调节。

最后，即使符合马歇尔-勒纳条件，外汇倾销政策也不一定能够成功。因为在6～9个月的收效期内，外汇倾销还可能受到一些因素的干扰而失效，主要有两方面的因素：一方面是来自国内的干扰，如果国内物价上涨持续发展，使货币对内进一步贬值，且对内贬值程度赶上或超过对外贬值程度，则倾销的条件逐步消失，外汇倾销失效。另一方面是来自国外的干扰，外汇倾销会使本国产品冲击对方国家市场，并抢占其他国家在国外市场上的地位，因而很容易遭到倾销对象国和其他有关国家的反对，它们会相应地采取一些反倾销措施，从而使外汇倾销失效。

8. 答：汇率与价格之间的关系是十分密切的。一方面，纸币制度下，用物价指数来计算的货币购买力是决定汇率的基本因素。一国价格水平上升，通货膨胀加剧，会削弱该国货币的购买力，导致该国货币贬值。另一方面，货币汇率又会反过来影响价格水平。一国货币贬值，会形成物价上涨的压力。

具体而言，汇率变化对价格水平的影响体现在两个方面：一是贸易品价格；二是非贸易品价格。

（1）汇率变化会直接影响贸易品价格。本币贬值后，出口商品和进口商品的国内价格都会有所提高；出口商品本币价格的提高对国内物价水平影响不大。相对而言，如果进口商品在商品总额中占有较大比重，则进口商品价格提高会对物价上涨产生较大的压力。这种压力不仅表现在进口制成品价格水平的提高上，还表现在以进口商品为中间产品的商品的生产成本的增加上。

（2）汇率变化也对非贸易品价格产生影响，如果资源要素在部门间的转移不受限制，汇率变化带来的贸易品价格变化会传导到非贸易品价格上。本币贬值后，贸易品价格提高，一些商品由非贸易品转为贸易品，从而国内非贸易品供应减少，需求相应增加，价格上升；进口商品中国内无法替代的商品或原材料价格提高后，引起国内相关的非贸易品和以进口商品为原料辅料的国内最终产品价格上涨；一些商品会随着价格变化替代进口商品，它们在一定程度上抵消了进口商品价格上升幅度，但不会全部抵消，而且随着对这些商品需求的增加，其价格也会有所上升；随着贸易品和部分相关产品价格的上升，以及出口商利润的提高，那些无法进入国际市场或者替代进口的商品的生产商也会要求相同的利润水平，或者转移生产，或者提高销售价格，其结果也是促使价格总水平上升。

现实中，一国发生通货膨胀会导致本币对外贬值，本币贬值又会产生物价上涨的压力。如果政府当局不能有效地加以控制，则会陷入“贬值→通货膨胀→贬值……”的恶性循环。

9. 答：本币对外贬值后，1单位外币折合更多的本币，会促使外国资本流入增加，国内资本流出减少；但是，本币对外价值将贬未贬时，会引起本国资本外逃。本币对外升值后，1单位外币折合更少的本币，外国资本流入减少，资本流出增加；但是本币将升未升时，会引起外国资本流入。

资本流动对于汇率变化的敏感性还要受一国政府的资本管制和资本投资的安全性的影响。资本管制严的国家，汇率变动对资本流动影响较小；如果一国投资安全性差，那么汇率变化对资本流入的影响不会充分体现。

10. 答：这就是J曲线效应。具体而言，在现实中，货币贬值导致贸易差额的最终改善需要一个“收效期”，收效的快慢取决于供求反应程度高低，并且在汇率变化的收效期内会出现短期的国际收支恶化现象。

贬值后国际收支先恶化后改善的过程是汇率变化“时滞”的体现，原因在于：

（1）贸易进出口合同均有一定期限，贬值后初期出口商品不可能按新汇率结算，即新汇率不会影响到贬值初期的进出口价格。

(2) 即使汇率已经使进出口商品价格发生变化，但人们认识和决策、信息传递、生产改变等过程也有延迟的可能，这就推迟了汇率变化对贸易改善正效应的实现。

(3) 如果出口以本币计算，进口以外币计算，在汇率变化前签订的长期合同在合同期内由于汇率变化反而会使外汇收入减少，支出增加，贸易逆差扩大。因为在原定合同期内，出口本币价格不变但同量本币因汇率改变所能代表的外币减少；而进口外币价格不变但同量外币需支付的本币增多。对贬值国来说，货币贬值对贬值前签订的合同起负面作用，贸易逆差会因此而暂时性地扩大。

(4) 另一种情况是，如果进口商预测汇率会进一步贬值，就会加速商品进口的订货并缩短订货期限，造成短期内进口需求扩大。

11. (1) 答：1.691 0。
(2) 答：1.691 0。
(3) 答：1.690 0。

12. 答：汇率是1.640 3。

13. (1) 答：1 美元＝7.801 0港币。
(2) 答：1 美元＝7.800 0港币。
(3) 答：1 美元＝7.801 0港币。

14. (1) 答：0.768 5。
(2) 答：0.769 0。

15. (1) 答：1.296 0。
(2) 答：1.294 0。
(3) 答：1.296 0。

16. (1) 答：1.411 0。
(2) 答：1.410 0。
(3) 答：1.410 0。

17. (1) 答：7.806 7。
(2) 答：同经纪公司 C 交易最有利。汇价是7.806 0。

18. 答：报给客户的美元兑港币汇价应当是7.890 0/7.894 0。

19. 答：该公司以英镑买入日元的套汇价是134.83。

20. 答：该公司以港币买进日元的汇价是1 港币＝19.662日元。

21. 答：该公司用加拿大元买进瑞典克朗的汇率是1 加拿大元＝5.662 3瑞典克朗。

22. 答：该公司以日元买进英镑的汇率是268.92。

六、分析讨论题

答：言之有理即可，可参考以下思路和要点。

人民币应该升值。进入 21 世纪以来，中国经济持续高速增长。国际收支的双顺差和不断增加的巨额外汇储备成为推动人民币升值的直接原因。按照国际经济学的理论，外汇节余过多本身就表明外币定价过高，本币定价过低，本币有升值压力。20 世纪 90 年代以来，一些权威的国际机构和贸易伙伴一直认为人民币存在不同程度的价值低估。

但是由于客观条件，人民币不应急于升值。因为我国经济还处在转型阶段，经济体制改革还有待进一步深入，一些社会问题还没有得到解决，急于将人民币升值或扩大人民币汇率的浮动幅度，必将影响我国经济的持续健康发展。主要体现在：宏观经济运行不稳定；出口商品的结构不合理；我国金融监管体系不健全，金融市场发展相对滞后。此外，收入差距的进一步拉大和国有企业经营困难的现状都决定了人民币汇率保持相对稳定的必要性。

应当客观评价人民币汇率改革的成效。既要充分肯定人民币汇率市场化程度不断提高的发展趋势，也必须正视改革进程中暂时出现的“倒退”现象。比如，亚洲金融危机中盯住美元的汇率安排本是权宜之计，却持续存在多年，甚至在内外均衡形势发生重大调整的关键时期汇率改革反而缺位，使得汇率并轨改革所收获的制度红利几乎被完全耗尽。

此外更要找准问题，“对症下药”。必须看到，尽管近年来外汇管理体制和汇率形成机制方面都有不同程度的改进，但银行间市场的汇率形成是否代表性不足、中央银行是否承担了过多汇率责任等问题尚未得到根本解决。彻底扭转外汇交易主体单一性，以及逐步淡化中央银行的汇率责任，是汇率市场化改革急需解决的关键问题。从这个意义上说，人民币汇率制度改革仍将是一个极富挑战性的艰巨任务。

第二章 外汇市场

第一部分 背景资料

一、学习准备

中国外汇交易中心自作为中国银行间外汇市场的具体组织者和运行者于 1994 年 4 月 18 日成立以来，银行间本外币市场交易量屡创新高，交易机制不断创新，原生、衍生产品序列逐渐丰富，具有国际先进水平的交易平台成功上线，人民币基准汇率和利率引人注目，市场主体数量和类型不断增加，清算、信息、监管服务功能日益完善。截至 2011 年 12 月 31 日，中国外汇交易中心共推出人民币与 9 个外币交易币种的买卖，分别是美元、港币、日元、欧元、英镑、马来西亚林吉特、卢布、澳大利亚元和加拿大元。2010 年 8 月 19 日，中国外汇交易中心在银行间外汇市场开办人民币对马来西亚林吉特交易，林吉特成为第一个在中国银行间外汇市场上交易的新兴市场货币，有利于促进中国与新兴市场经济体之间的经贸往来，更好地为跨境贸易人民币结算业务发展服务，将极大地促进人民币周边化、区域化以及国际化进程。此外，中国外汇交易中心于 2005 年 5 月 18 日上线运行银行间市场外币对外币买卖系统，推出欧元/美元、澳元/美元、英镑/美元、美元/日元、美元/加拿大元、美元/瑞士法郎、美元/港币和欧元/日元的买卖业务。2010 年 6 月 7 日，新增美元对新加坡元外币对交易。截至 2011 年 12 月 31 日，中国外汇交易中心共推出人民币与 9 个外币对买卖业务，满足了市场的投融资需求和避险需求，提高了金融机构的风险管理能力，建立起连接国际金融市场的通道。

二、学习目的和要求

本章是关于外汇市场基本内容的介绍，主要包括外汇市场的起源、功能及发展状况，核心内容是外汇市场的环境与结构以及外汇市场的交易活动和产品，简单涉及外汇市场的有效性问题。具体说来，需要掌握和理解如下一些问题：

（1）外汇市场的起源、功能和发展状况的基本情况。

（2）外汇市场的环境以及结构。

（3）外汇市场的交易活动有哪些以及外汇市场交易产品的类型。

（4）外汇市场有效性的三种类型。

三、知识准备

学习前应具备宏观经济学以及金融学课程相关内容的基础。

四、学习拓展

● **相关网站**

- 国家外汇管理局网站 http://www.safe.gov.cn/
- 中国人民银行网站 http://www.pbc.gov.cn/
- 中国外汇交易中心网站 http://www.chinamoney.com.cn/
- 中国银行网站 http://www.boc.cn/
- 美国联邦储备委员会网站 http://www.federalreserve.gov/
- 国际货币基金组织网站 http://www.imf.org/

第二部分　练习题

一、本章要义

练习说明：请结合学习情况在以下段落空白处填充适当的文字，使上下文合乎逻辑。

外汇市场是专门从事外汇交易的市场，包括金融机构之间的（1）________和金融机构与客户之间的（2）________。外汇市场又分为（3）________和（4）________。

外汇市场上的（5）________、（6）________和（7）________构成了外汇市场要素。外汇市场参与者主要有：（8）________、中央银行、（9）________、（10）________、外汇的实际供求者和外汇投机者。外汇市场交易主体的动机不同，从而使外汇交易呈现出多样化特征。

买卖成交后在 2 个工作日内办理交割的外汇交易被称作（11）________，可分为（12）________、（13）________、（14）________、（15）________等四种类型。

远期外汇交易的交割通常在（16）________进行。最常见的远期外汇交易的期限是（17）________。远期外汇交易使用的汇率，可以用（18）________加减升贴水的办法表示。升水和贴水的大小，主要取决于两种货币（19）________和（20）________。

掉期交易是在某一日期即期卖出甲货币、买进乙货币的同时，（21）________远期甲货币、（22）________远期乙货币的交易。掉期外汇买卖实际由两笔交易组成，一笔是（23）________，一笔是（24）________。

二、重要概念释义选择

练习说明：请从文字框中为下列国际金融术语选择匹配的定义或描述，将对应的字母编号填入空格处。个别术语有可能对应不止一个描述；如果需要，任意描述可以使用多次。

1. 即期交易__________
2. 远期交易__________
3. 掉期交易__________
4. 汇入汇款__________
5. 汇出汇款__________
6. 进口付汇__________
7. 出口收汇__________
8. 单位元法__________
9. 单位镑法__________
10. 多头__________
11. 空头__________
12. 外汇交易商__________
13. 外汇经纪商__________
14. 无形市场__________
15. 外汇批发市场__________
16. 外汇零售市场__________
17. 升水__________
18. 贴水__________

A. 外汇银行在外汇最终供给者与需求者之间发挥中介作用，一方面从顾客手中买入外汇，另一方面又将外汇卖给顾客，从中赚取买卖差价。
B. 专门从事介绍成交或代客买卖外汇、从中收取手续费的公司或汇兑商，主要依靠与外汇银行的密切联系、熟知外汇供求情况的优势，接洽外汇交易，促使多种多样的市场参与者找到合适的交易价格和合适的交易对手成交。

C. 在某一日期即期卖出甲货币、买进乙货币的同时，反方向地买进远期甲货币、卖出远期乙货币的交易。
D. 实际上由两笔交易组成，一笔是即期交易，一笔是远期交易。交易中，报价时注意掉期率和掉期时间。
E. 路透社外汇信息服务及交易系统的报价方式之一，形式为 1 美元折合多少其他货币，如 USD/JPY 100.80/100.90。
F. 某种货币的远期汇率大于即期汇率时的差额。
G. 某种货币的远期汇率小于即期汇率时的差额。
H. 为进口商开出信用证的银行按照出口商开出的附有全部单证的即期汇票条件，将外币计价的进口货款通过外币结算账户垫付，然后向进口商提示汇票，请其按照即期付款条件支付。进口商以本币（或外币）向银行支付了进口货币。
I. 银行同业间出于平衡、投机、套利、套汇等目的从事的外汇交易，占外汇交易总额的 90%以上。
J. 央行在外汇市场上通过查询汇率变化情况、发表声明等做法影响汇率的变化，达到干预的效果。
K. 一家德国进口商从美国进口计算机，6 月 1 日货到验明后按当日银行外汇牌价兑换美元付款，6 月 3 日完成交割。
L. 这种交易提前把将来的汇率确定下来，买方实际上将未来的汇率风险转嫁给了卖方。
M. 收款人从国外收到一外币支付的款项后，可以存入自己的外币账户，也可以将外汇收入结售给银行取得本币。
N. 货币当局在外汇市场上进行各种外汇买卖，以影响本国货币的汇率。
O. 商业银行对客户经营外汇业务时，某种外汇卖出多于买进的情形。
P. 出口商将出口货物装船后，立即开立以双方商定的结算货币计价的汇票，并在汇票下面附上有关单证，请银行议付，从而收回出口货款。
Q. 专门从事外汇交易，经营外国票据业务的公司或个人，大多从事数额较大的外汇买卖，利用时间与空间的差异获取外汇买卖价格上的差额利润。
R. 需要支付外币的客户如无外币则要以本币兑换成外币，委托银行向国外的收款人汇出外汇。
S. 一个分散的由经纪商、交易商、通信设备、电脑终端、电脑键盘以及坐落在世界各地的商业银行组成的 24 小时不间断的、非主权货币头寸交易活动的市场。
T. 商业银行对客户经营外汇业务时，某种外汇买进多于卖出的情形。
U. 以英镑、爱尔兰镑、澳元、新西兰元、欧元等作为基准货币报出外汇交易价格，如 GBP/USD 1.791 0/1.792 0。

三、判断对错

练习说明：判断下列表述是否正确，并在对（T）或错（F）上画圈。

T F 1. 外汇市场最基本的功能是结清国际债权债务关系，实现货币购买力的国际转移。

T　F　2. 外汇市场的买方可以签订任意规模的即期合约和任意规模的远期合约。

T　F　3. 当中央银行直接拥有或代理财政经营本国的官方外汇储备时，中央银行在外汇市场上的角色与一般参与者相同。

T　F　4. 中央银行一般直接参加外汇市场活动，参与或操纵外汇市场。

T　F　5. 在银行间外汇市场上，若商业银行买入的外汇多于卖出的外汇，则为“空头”，反之则为“多头”。

T　F　6. 若中央银行在外汇市场上买入或卖出外汇的同时在国内债券市场上卖出或买入债券，这种干预称为“消毒的干预”。

T　F　7. 若某种外币兑换本币的汇率低于界限值，则中央银行为稳定汇率应在外汇市场上卖出该种货币。

T　F　8. 利率较高的货币在远期市场上表现为升水，反之表现为贴水。

T　F　9. 中国境内一家公司向美国借入一笔美元，要转换为人民币使用，到期时再归还美元，则该公司为对冲风险可作如下掉期交易：卖出即期美元，买进即期人民币；买回远期美元，卖出远期人民币。

T　F　10. 在一个强有效的外汇市场上，当前汇率反映了所有可知的信息，但不包括内幕信息。

四、不定项选择

练习说明：以下各题备选答案中有一个或一个以上是正确的，请将正确答案的字母编号填入括号内。

1. 外汇市场的参与者包括（　　）。

A. 商业银行　　B. 投资银行

C. 中央银行　　D. 外汇投机者

E. 持有外汇的个人

2. 外汇市场的交易产品，主要有以下哪几种传统类型？（　　）

A. 即期交易　　B. 远期交易

C. 期货交易　　D. 掉期交易

3. 即期交易方式有以下哪些类型？（　　）

A. 汇出汇款　　B. 汇入汇款

C. 出口收汇　　D. 进口付汇

4. 外汇市场真正的起源在于：（　　）。

A. 央行货币监管的需要　　B. 主权货币的存在

C. 非主权货币对境外资源的支配权和索取权的存在

D. 投机获利动机的存在　　E. 金融风险的存在

5. 以下哪些属于外汇市场的功能？（　　）

A. 促使国际贸易平衡　　B. 实现购买力的国际转移

C. 提供外汇资金融通　　D. 抑制外汇投机

E. 防范汇率风险　　F. 形成外汇价格体系
G. 反映和调节外汇供求

6. 商业银行在外汇市场上的主要活动有（　　）。
A. 投机获利　　B. 发表声明　　C. 套期保值　　D. 调剂头寸
E. 发放贷款　　F. 融通资金　　G. 追收账款

五、问答题

练习说明：请根据学习内容回答下列问题，计算题应给出过程和答案。

1. 为什么会存在全球外汇市场？
2. 外汇市场有哪些功能和特征？
3. 外汇市场的层次如何？
4. 试概括外汇市场参加者从事外汇交易的动机。
5. 人民币与哪些外币已经实现了直接交易？人民币兑主要外币汇率中间价的形成方式有哪些？

六、分析讨论题

2005 年 7 月人民币汇率形成机制改革以来，中国外汇交易中心在推出即期交易的基础上，陆续推出外汇远期、外汇掉期、人民币外汇期权等人民币外汇衍生产品。

时间	推出的新业务
1994 年 4 月 4 日	即期外汇交易
2005 年 8 月 15 日	远期外汇交易
2006 年 4 月 24 日	外汇掉期交易
2011 年 4 月 1 日	人民币外汇期权交易

在人民币汇率双向波动加剧、人民币国际化程度加深的条件下，2011 年 4 月 1 日，人民币外汇期权业务同时在银行间市场和银行对客户零售市场上推出。由于期权交易中卖方承担的风险远远大于买方，因此要求卖方具备较强的风险管理能力。借鉴其他新兴市场经济体的经验，推出的交易品种为欧式期权，且在推出初期只允许客户从银行买入期权而不能卖出期权，限制客户“裸卖”，从而避免过度的交易风险。2011 年 12 月 1 日起允许对期权买卖组合，赋予了客户在买入基础上卖出期权的权利。

2006 年 8 月 28 日，芝加哥商品交易所（CME）推出了第一个人民币期货、期权产品，2011 年 8 月 22 日 CME 对人民币期货合约进行了升级，在 Globex 平台推出一系列人民币期货新合约，新的期货合约参照目前银行、资产管理经理以及公司私下买卖的用于对冲人民币汇率波动风险的无本金交割远期合约。

结合你的现有知识，请分析人民币外汇期货、期权合约在中国推出的必要性。

第三部分 参考答案

一、本章要义

(1) 同业外汇市场
(2) 外汇零售市场
(3) 有形市场
(4) 无形市场
(5) 交易者
(6) 交易对象
(7) 交易方式
(8) 商业银行
(9) 外汇经纪商
(10) 外汇交易商
(11) 即期交易
(12) 汇出汇款
(13) 汇入汇款
(14) 出口收汇
(15) 进口付汇
(16) 2个工作日以后
(17) 1～3个月
(18) 即期汇率
(19) 利率差异
(20) 远期期限
(21) 买进
(22) 卖出
(23) 即期交易
(24) 远期交易

二、重要概念释义选择

1. K
2. L
3. C、D
4. M
5. R
6. H
7. P
8. E
9. U
10. T
11. O
12. Q
13. B
14. S
15. I
16. A
17. F
18. G

三、判断对错

TFTFF TFFTF

四、不定项选择

1. ACDE
2. ABD
3. ABCD
4. BCDE
5. BCEFG
6. ACDF

五、问答题

1. 答：通常认为，国际贸易是引起外汇市场建立的最主要原因。由于各国的货币制度存在着差异，因此各国的货币币种不同。国际贸易中债权债务的清偿需要用一定数量的一种货币去兑换另一种货币，这个问题的解决则需要依靠外汇市场交易。

透过国际贸易需要跨国货币收付这种现象，挖掘外汇市场起源的本质，可以看出，外汇市场真正的起源在于：(1) 主权货币的存在。(2) 非主权货币对境外资源的支配权和索取权的存在。(3) 金融风险的存在。对于与预期的外币负债有关的汇率风险，外币资产可能会起到直接的防范作用，而且即使没有计划任何外国购买行为，外国资产也可以降低一项投资组合回报（以本币计价）的整体变动性。(4) 投机获利动机的存在。本国居民也许仅仅是认为外币资产被低估，因此他们可能只是为了纯粹的投机目的而要求持有外汇，从而赚取更高额的回报。

2. 答：外汇市场作为国际经济联系的纽带，集中地反映了国际经济、国际金融的动态和各国汇率变化的趋势。外汇市场为促进国际贸易的发展、国际投资和各种国际经济往来的实现提供了便利条件。其功能主要表现在以下方面：

(1) 反映和调节外汇供求。一国对外经济、贸易的收支以及资本金融项目的变化都最终反映到外汇市场供求状况上，政府、企业、个人通过外汇市场可以解决自己的外汇供求问题。

(2) 形成外汇价格体系。银行接受顾客买卖外汇后，需要在银行间市场进行调节，因而自然产生外汇的供需，加上银行本身自发性的供需，在市场通过竞价过程便会产生汇率，随后，银行对顾客交易的汇率再根据上述银行间成交汇率加以确定。

(3) 实现购买力的国际转移。结清国际债权债务关系，实现货币购买力的国际转移，是外汇市场最基本的功能。

(4) 提供外汇资金融通。外汇市场是理想的外汇资金集散中心，从而成为世界资本再分配的重要渠道，为银行外汇业务提供平衡头寸的蓄水池作用。外汇资金大量涌向外汇市场，为外汇需求者提供越来越多的可筹资金，还对促进国际贸易发展、促进投资的国际化起到不可忽视的作用。同时，外汇市场也为金融资本的输出、国际垄断资本的对外扩张和外汇投机等提供角逐场所。

(5) 防范汇率风险。外汇市场通过各种外汇交易活动（如远期外汇买卖、期货或期权交易等），可以减少或消除汇率风险，促进国际贸易的发展。

全球外汇市场的特征：

(1) 由区域性发展到全球性，24 小时连续交易。

(2) 交易规模加速增长，但市场集中程度趋强。

(3) 全球范围的市场汇率趋向一致。

(4) 电子经纪的市场份额和影响提升。

(5) 交易日益复杂化，即期交易的重要性降低。

3. 答：银行与顾客间的外汇交易，银行同业间的外汇交易，银行与中央银行间的外汇交易三个层次构成了外汇市场的市场结构。

(1) 银行与顾客间的外汇交易。顾客出于各种各样的动机，需要向外汇银行买卖外汇。银行在与顾客的交易中，实际上是在外汇的最终供给者与需求者之间起到中介作用，赚取外汇的买卖差价。这种银行与顾客间的外汇交易市场，被称为零售性外汇市场。

(2) 银行同业间的外汇交易。商业银行出于平衡、投机、套利、套汇等目的从事同业间外汇交易，占外汇交易总额的90%以上。因此，银行同业间外汇市场也被称为批发性外汇市场。

(3) 商业银行与中央银行间的外汇交易。中央银行干预外汇市场，是在与商业银行进行交易。通过调节外汇市场上的本外币供求量，中央银行可以使市场汇率相对稳定在某一界限上。

4. 答：外汇市场交易主体的动机不同，从而使外汇交易呈现出多样化特征。

(1) 为贸易结算进行外汇交易。这是最基本的外汇交易动机，也是外汇市场产生的直接原因。出口商在获得货款后如果结算货币不是本币就会产生外汇交易需要。也有的出口商出于保值、进口或其他目的需要兑换外币，同样也产生外汇交易。而进口商为从国外进口货物需使用外汇，自然也产生外汇交易。

(2) 为对外投资进行外汇交易。对外投资需要将本国货币兑换成其他货币，从而产生了外汇交易。

(3) 为外汇保值进行外汇交易。汇率波动是所有外汇持有者共同关注的事情，全世界的银行（包括中央银行在内）等金融机构、跨国公司以及金融业发达地区的普通居民，都在不同程度地参与外汇交易，目的是使手中的外汇保值增值。基本的操作原则是，卖出有贬值趋势的货币，买入有升值可能的货币。

(4) 为外汇借贷进行外汇交易。如果借入外汇与使用外汇不同，就需要通过外汇交易完成货币转换。另外在外债偿还时，可能也需要发生外汇交易。

(5) 为金融投机进行外汇交易。在国际外汇市场上，无数交易商和经纪商都在频繁地进行投机性外汇买卖，它是一种纯粹通过货币间的转移而获利的交易活动。

(6) 为管理干预进行外汇交易。中央银行或外汇管理当局是市场活动的领导者，在外汇市场价格出现异动时往往会干预外汇市场，外汇市场交易活动影响本国货币的汇率，以稳定外汇行市。

5. 答：人民币直接交易币种包括美元、欧元、日元、英镑、澳元、新西兰元、瑞士法郎、加拿大元、马来西亚林吉特、俄罗斯卢布、南非兰特、韩元、阿拉伯联合酋长国迪拉姆、沙特阿拉伯里亚尔、匈牙利福林、波兰兹罗提、丹麦克朗、瑞典克朗、挪威克朗、土耳其里拉、墨西哥比索和泰铢等。

人民币汇率中间价指交易中心根据中国人民银行授权，每日计算和发布人民币兑美元等主要外汇币种汇率中间价。

人民币兑美元汇率中间价的形成方式为：交易中心于每日银行间外汇市场开盘前向外汇市场做市商询价。外汇市场做市商参考上日银行间外汇市场收盘汇率，综合考虑外汇供求情况以及国际主要货币汇率变化进行报价。交易中心将全部做市商报价作为人民币兑美元汇率中间价的计算样本，去掉最高和最低报价后，将剩余做市商报价加权平均，得到当日人民币兑美元汇率中间价，权重由交易中心根据报价方在银行间外汇市场的交易量及报价情况等指标综合确定。

人民币兑港币汇率中间价由交易中心分别根据当日人民币兑美元汇率中间价与上午9时国际外汇市场港币兑美元汇率套算确定。

人民币兑欧元、日元、英镑、澳大利亚元、新西兰元、新加坡元、瑞士法郎、加拿大元、马来西亚林吉特、俄罗斯卢布、南非兰特、韩元、阿拉伯联合酋长国迪拉姆、沙特阿拉伯里亚尔、匈牙利福林、波兰兹罗提、丹麦克朗、瑞典克朗、挪威克朗、土耳其里拉、墨西哥比索和泰铢汇率中间价形成方式为：交易中心于每日银行间外汇市场开盘前向银行间外汇市场相应币种的做市商询价，去掉最高和最低报价后，将剩余做市商报价平均，得到当日人民币兑欧元、日元、英镑、澳大利亚元、新西兰元、新加坡元、瑞士法郎、加拿大元、马来西亚林吉特、俄罗斯卢布、南非兰特、韩元、阿拉伯联合酋长国迪拉姆、沙特阿拉伯里亚尔、匈牙利福林、波兰兹罗提、丹麦克朗、瑞典克朗、挪威克朗、土耳其里拉、墨西哥比索和泰铢汇率中间价。

六、分析讨论题

答：首先，推出境内人民币外汇期货、期权交易品种是进一步完善人民币汇率形成机制的需要。汇率制度改革需要有衍生产品作为避险工具，只有外汇市场上存在足够的市场工具和产品，才能吸引更多的市场主体来投资，最终形成均衡的人民币汇率。

其次，推出境内人民币外汇期货、期权交易品种是企业和金融机构规避汇率风险的实际需要。

此外，适时推出人民币外汇期货、期权交易品种，有利于占领市场先机，掌握未来人民币汇率的定价权。若离岸人民币衍生产品市场规模长期超过国内人民币衍生产品市场，那么国内对人民币的定价能力将会受到很大的影响，甚至可能使央行失去汇率调节这一重要的宏观调控手段。

另外，发展本币与外币间的衍生产品能够拓展金融机构服务范围，创造新的利润增长点。

最后，中国外汇交易中心通过结售汇制结合银行间市场定价，有利于中国人民银行监控人民币汇率。但是，其作为银行间市场，不能为一般进出口企业提供汇率避险工具。此外，它还承担着确定人民币汇率中间价的职能，也不宜引入一般企业进入市场交易。在保持中国外汇交易中心作为银行间市场的同时，建设外汇期货市场，一方面可以将一般企业的套保与投机需求与银行间调剂外汇差额的需求分离开来，另一方面可以保证中国人民银行汇率政策的独立性和有效性。有关业内专家建议，外汇期货市场的建设，宏观上有利于对外贸易中使用人民币结算，推动人民币成为亚洲中心货币，微观上为国内外贸企业提供了规避汇率风险的工具。

第三章
外汇衍生产品市场

第一部分 背景资料

一、学习准备

2003年下半年起，国际铜价快速攀升，持续上涨的时间和上涨幅度均超过以往，世界各大机构纷纷预测，在此轮上涨之后铜价将步入下跌时期。2005年11月，国家物资储备局（简称国储局）发布的国家储备铜竞价销售公布称：为缓解当前国内铜供应紧张的状况，国储物资调节中心受国储局委托，将于2005年11月16日拍卖2万吨国家储备铜。在此后短短的一个月内，国储局举行了四场现货铜拍卖会，拍卖起价一次比一次高，给市场带来的冲击一次比一次大。2005年11月，媒体纷纷披露，中国国储局交易员刘其兵在铜期货市场上通过伦敦金属交易所（LME）场内会员在低价位抛空铜，建立空头头寸15万～20万吨，这批头寸交割日在2005年12月21日，但自2005年9月中旬起，国际基金不断以推高铜价的方式逼空国储局，铜价每吨上涨约600美元，不断走高的国际铜价无疑会给国储局造成巨额亏损，所以国储局不得不通过不断抛售国内现货来缓解压力，挽回损失。2005年年末，中国银监会主席刘明康坦言，由于缺乏对市场风险的有效控制，国储局在此次事件中损失惨重。

二、学习目的和要求

本章主要介绍了外汇衍生产品市场，核心问题是外汇衍生产品的交易机制和交易方式。具体地说，需要理解和掌握以下知识点：

（1）熟悉外汇衍生产品的特征。

（2）掌握远期、期货、期权、互换等主要外汇衍生产品的交易机制和交易方法。

（3）了解外汇衍生产品市场的现状和未来。

三、知识准备

学习前应熟练掌握外汇、汇率以及外汇市场交易活动与交易产品等内容，并了解直接标价法、间接标价法、升贴水、即期交易、远期交易以及衍生产品等相关知识点。

四、学习拓展

● 案例探讨

■ 巴林银行破产事件

1995 年 2 月 26 日，新加坡巴林银行期货经理尼克·里森投资日经 225 股指期货失利，导致巴林银行遭受合计 14 亿美元巨额损失，最终无力继续经营而宣布破产。正是从这次事件开始，金融衍生工具的高风险被广泛认识——从里森个人的判断失误到整个巴林银行的倒闭，伴随金融衍生工具成倍放大的投资回报率的是同样成倍放大的投资风险，这是由金融衍生工具本身的杠杆特性决定的。

■ 中航油石油衍生产品亏损事件

2004 年，中国航油（新加坡）股份有限公司（简称中航油）从事大额石油衍生产品交易，在场外市场卖出大量看涨期权，同时未进行反向交易对冲风险，导致 5 亿美元的巨额亏损。这一事件震动全球金融界，警示了衍生产品交易的两面性。

■ 中信泰富澳元远期合约巨亏事件

2007 年 8 月—2008 年 8 月间，中信泰富为降低其在澳大利亚的项目面对的货币风险，先后与 13 家银行签订 24 份外汇累计目标可赎回远期合约。但由于缺乏对外汇风险的合理评估，加之国际金融市场的风云变幻，澳元兑美元汇率暴跌，这些合约给中信泰富带来了 155 亿港元的巨额亏损。

● 相关网站

■ 上海期货交易所 http://www.shfe.com.cn/

■ 大连商品交易所 http://www.dce.com.cn/

■ 郑州商品交易所 http://www.czce.com.cn/

● 参考文献

1. 胡奕明．中航油场外石油衍生品交易巨亏事件分析．上海交通大学公司财务教学案例，http://resource.jingpinke.com/details?uuid=ff808081-2b8aaf95-012b-8ab125ac-766f&objectId=oid:ff808081-2b8aaf95-012b-8ab125ac-7670

2. 王雪梅．奇异金融衍生品——KODA．当代经济，2009（12）

3. 陈咏英，尹美群，李伟．汇率波动下跨国企业避险研究——基于中信泰富澳元巨亏事件的思考．财经通讯，2009（23）

第二部分　练习题

一、本章要义

练习说明：请结合学习情况在以下段落空白处填充适当的文字，使上下文合乎逻辑。

外汇衍生产品通常是指从（1）________派生出来的外汇交易工具。该交易的基本特征有：（2）________，即只要支付一定比例的（3）________就可以进行全额交易，不需要实际上的（4）________，合约的终结一般也采用（5）________的方式进行，只有在到期日以（6）________方式履行的合约才需要买方交足货款。因此金融衍生产品的交易具有（7）________。保证金越低，（8）________，（9）________。

（10）________，即预约买卖外汇的交易，亦即外汇买卖双方先行签订合约，约定买卖外汇的币种、数额、汇率和（11）________，到规定的交割日期或在约定的交割期内，再按合约规定条件，买卖双方办理交割的外汇交易。

（12）________，是指外汇买卖双方在有组织的交易场所内约定，以（13）________的方式确定的价格（汇率），在将来某日买入或卖出某一（14）________的某种外汇的交易活动。

（15）________，指期权合约的买方在向期权卖方（即立权人）支付一定的（16）________后，所获得的在一定时间内，按照协定汇率买进或卖出一定数量的外汇资产的（17）________。

（18）________，是交易双方相互交换不同（19）________但（20）________相同和（21）________相等的货币及利息的业务。外汇互换交易既涉及（22）________的互换，又涉及（23）________的互换。

我国外汇市场还不够发达和完善。套期保值需求很小，衍生交易的法律法规严重滞后，衍生交易的组织者和参与者还不够成熟，都限制了外汇衍生产品市场的发展。目前我国外汇衍生交易的政策取向是坚持（24）________原则。

二、重要概念释义选择

练习说明：请从文字框中为下列国际金融术语选择匹配的定义或描述，将对应的字母编号填入空格处。个别术语有可能对应不止一个描述；如果需要，任意描述可以使用多次。

1. 杠杆效应__________

2. 外汇择期交易__________
3. 掉期率报价法__________
4. 抛补利率平价条件__________
5. 衍生工具投机__________
6. 掉期性抛补套利__________
7. 美式期权__________
8. 保证金制度__________
9. 外汇互换交易__________
10. 执行价格__________
11. 跨式期权（straddle）__________
12. 宽跨式期权（strangle）__________
13. 差价期权（spread）__________
14. 伦敦银行间同业拆放利率（LIBOR）__________

A. 以相同的执行价格同时购买或卖出相同标的资产的看涨期权和看跌期权。
B. 外汇市场上投资者在一个市场买进，在另一个市场卖出的对冲交易，以锁定一个无风险的收益。
C. 期权持有者可以在期权到期日之前的任何一个工作日，选择执行或不执行期权合约。它是相对于只能在到期日选择执行与否的欧式期权来说的。
D. 借入利率较低的货币，在现汇市场上兑换为利率较高的另一种货币，并进行投资；同时签订一份外汇远期合约，在到期日按约定的汇率卖出后一种货币的本利和以偿还借款。
E. 当一种金融产品价格进入上升周期时，价格越是上涨，就越是有人预期价格继续上涨而入市抢购，从而使价格真的进一步上涨。
F. 如果 $R_h - R_f = \frac{F-S}{S}$ 成立，两国间不会发生引起资金跨国流动的国际金融套利活动；反之，市场行为将自行纠正利率与即期利率、远期利率之间的偏差，直至实现均衡。
G. 银行间外汇市场上常见的远期汇率报价方法，通常用基点（basic point）表示。
H. 以不同的执行价格同时买入并卖出相同类型期权。
I. 以货币期货合约为基础资产的期权合约。
J. 一种不固定交割日期的外汇远期交易。在零售外汇市场上，银行在约定期限内给予客户交割日选择权，也就是说，从成交后的第三个营业日起至约定日期止，客户有权在其间的任何一个交易日要求按预先约定的远期汇率完成外汇交割。
K. 以不同的执行价格同时购买或卖出相同标的资产的看涨期权和看跌期权。
L. 外汇期货交易清算所为了防止会员公司发生违约风险，为自己提供保障的一种制度安排，有初始保证金和维持保证金等具体规定。
M. 产生在伦敦市场上的国际金融市场最重要的基准利率之一。
N. 期权合约中约定的到期交割价格。

O. 在没有基础资产或负债的条件下，因为非常自信对重要经济指标的预测而进行衍生交易并从中谋取风险利润的情况，是和利用衍生产品进行套期保值相对来说的。
P. 衍生产品通常采用保证金交易方式，即只要支付一定比例的保证金就可以进行全额交易，不需要实际上的本金转移，合约的终止一般也采用差价结算方式进行，使衍生工具成为一种威力巨大的武器，一旦启用，套期保值者就可以迅速为庞大的金融资产找到避险的港湾，投机者也可以在承担高风险的代价下迅速地获取高收益。
Q. 两种货币的远期升贴水率近似等于两国金融资产的利差，利率较高的货币远期有贴水，利率较低的货币远期有升水。
R. 外汇银行为外汇远期交易报价时，一次性给出两个大小不等的基点。如果是前小后大排列，远期汇率应等于即期汇率加上相应的远期基点；如果前大后小排列，远期汇率应等于即期汇率减去相应的远期基点。
S. 应视为确定远期汇率的重要标准。
T. 指交易双方相互交换不同币种但是期限相同、金额相等的货币及利息的业务。其中可能既涉及利息支付的互换，又涉及本金支付的互换。

三、判断对错

练习说明：判断下列表述是否正确，并在对（T）或错（F）上画圈。

T　F　1. 外汇衍生工具是为了防范和管理风险而产生的金融创新，因此在有了外汇衍生工具之后，国际外汇市场的汇率风险大大降低。

T　F　2. 衍生金融工具的复杂化可能给交易主体的内部管理带来失误，并导致监管机构难以实施统一监管的风险称为操作风险。

T　F　3. 远期合约到期前一般不可转让，合约签订时没有价值。

T　F　4. 如果远期汇率升水，远期汇率就等于即期汇率加上升水。

T　F　5. 使用外汇衍生工具进行套期保值，一定会改进最终结果。

T　F　6. 与远期相比期货的违约风险更高。

T　F　7. 欧式期权的持有者可以在期权到期日前的任何一个工作日执行该期权。

T　F　8. 看涨期权购买者的收益一定为期权到期日市场价格和执行价格的差。

T　F　9. 外汇互换合约相当于一系列的外汇远期合约。

T　F　10. 互换合约中合约的价格就是交易双方互相支付的价格。

四、不定项选择

练习说明：以下各题备选答案中有一个或一个以上是正确的，请将正确答案的字母编号填入括号内。

1. 外汇衍生品的基本特征有（　　）。

A. 风险性　　B. 灵活性　　C. 账外性　　D. 以上都是

2. 因交易对手违约而蒙受损失的可能性是衍生金融交易中的哪种风险？（　　）

A. 操作风险　　B. 管理风险
C. 信用风险　　D. 价格风险

3. 下面哪种金融产品属于外汇衍生品的基本类型？（　　）
A. 期货　　B. 互换　　C. 欧洲货币　　D. 远期
E. 银行承兑票据

4. 外汇远期和期货的区别有：（　　）。
A. 远期是场内合约，期货是场外合约
B. 期货实行保证金制度而远期没有
C. 远期是标准化合约
D. 期货合约更加灵活

5. 已知美元兑瑞士法郎的即期汇率为 USD/SFR 1.452 5－1.458 5，三个月掉期率为 150－100，则美元兑瑞士法郎三个月远期汇率为（　　）。
A. 1.437 5－1.448 5　　B. 1.462 5－1.463 5
C. 1.462 5－1.468 5　　D. 1.442 5－1.443 5
E. 以上都不对

6. 已知美国的一年期国债利率为 10%，英国的一年期国债利率为 5%，则（　　）。
A. 美元远期升值　　B. 英镑远期升值
C. 美元即期贬值　　D. 英镑即期贬值

7. 如果一家进出口公司在三个月后将收到一笔 300 万英镑的外汇，为了防范未来英镑贬值的危险，该公司可以采取的措施有（　　）。
A. 签订一份三个月远期英镑的卖出合约
B. 在期货市场上做三个月英镑的多头
C. 购买一份三个月到期的英镑的看跌期权
D. 以上答案都正确

8. 上一题中进出口公司的做法体现了外汇衍生工具的什么功能？（　　）
A. 投机功能　　B. 套期保值功能
C. 套利功能　　D. 提供流动性
E. 以上答案都不正确

9. 如果某个投资者想要在外汇汇率大起大落的时候获利，他应持有的资产组合为（　　）。
A. 买入现汇并同时买入一份看跌期权
B. 购买一份看涨期权并同时卖出一份相同执行价格的看跌期权
C. 卖出一份看涨期权并同时卖出一份相同执行价格的看跌期权
D. 买入一份看涨期权并同时买入一份相同执行价格的看跌期权
E. 以上答案都不正确

10. 关于外汇互换合约，以下说法错误的是（　　）。
A. 外汇互换合约是一种流动性很强的套期保值工具
B. 尽管外汇互换合约是用来管理汇率风险的工具，但它本身也存在风险，主要是

市场风险和信用风险

C. 外汇互换不需要交换本金

D. 互换的实质就是利用交易双方的比较优势以达到双赢的效果

E. 以上答案都正确

五、问答题

练习说明：请根据学习内容回答下列问题，计算题应给出过程和答案。

1. 金融衍生产品有哪些特点？

2. 比较外汇期货交易与外汇远期交易的异同。

3. 简述外汇期权的种类。

4. 根据交易目的和交易原理，试比较外汇互换与外汇掉期的异同。

5. 假定芝加哥 IMM 交易的 3 月份到期的英镑期货价格为＄1.502 0/£，某银行报同一交割日期的英镑远期合约价格为＄1.500 0/£。

（1）如果不考虑交易成本，是否存在无风险套利机会？

（2）应当如何操作才能谋取收益？试计算最大可能收益率。

（3）套利活动对两个市场的英镑价格将产生怎样的影响？

（4）结合以上分析，试论证外汇期货市场与外汇远期市场之间存在联动性。

6. 假定一美国企业的德国分公司将在 9 月份收到 125 万欧元的货款。为规避欧元贬值风险，该公司购买了 20 张执行汇率为＄0.900/€的欧式欧元看跌期权，期权费为＄0.021 6/€。

（1）请画出该公司购买欧元看跌期权的收益曲线，标出盈亏平衡点汇率。

（2）若合约到期日的现汇汇率为＄0.850/€，计算该公司的损益结果。

六、分析讨论题

在前面给出的中信泰富案例中，如果你是继任的高层决策者，你在相关方面会有怎样的改进和做法？

第三部分　参考答案

一、本章要义

（1）基础资产（或原生资产）　　（2）保证金交易

（3）保证金　　（4）本金转移

(5) 差价结算
(6) 实物交割
(7) 杠杆效应
(8) 杠杆效应越大
(9) 风险越大
(10) 外汇远期交易
(11) 将来交割的时间
(12) 外汇期货交易
(13) 公开叫价
(14) 标准数量
(15) 外汇期权交易
(16) 期权费
(17) 选择权
(18) 外汇互换交易
(19) 币种
(20) 期限
(21) 金额
(22) 利息支付
(23) 本金支付
(24) 有限度的试点

二、重要概念释义选择

1. P
2. J
3. G、R
4. F、Q、S
5. O
6. D
7. C
8. L
9. T
10. N
11. A
12. K
13. H
14. M

三、判断对错

FFTFF　FFFTF

四、不定项选择

1. D　2. C　3. ABD　4. B
5. A　6. BD　7. AC　8. B
9. D　10. ACE

五、问答题

1. 答：金融衍生产品具有以下特点：

(1) 风险性。外汇衍生工具是在国际金融市场动荡不安的环境下，为实现交易保值和风险防范而产生的金融创新。其内在的杠杆作用和工具组合的复杂性、随意性以及高度投机性，决定了金融衍生交易的高风险性。

(2) 设计的灵活性。金融衍生产品由于种类繁多，其创造具有一定的灵活性，故较传统金融产品更能适应不同市场参与者的需要。一方面，对以场外交易方式进行的非标准化衍生产品合约来说，金融专家可以就时间、金额、杠杆比率、价格、风险级别等进行设计，以满足客户独特的非标准化要求，使之充分实现保值避险的目的。另一方面，那些在交易所挂牌交易的标准期货、期权等衍生产品合约，也能迅速地适应时势，根据市场需求提供更加细分的衍生品种。

（3）账外性。金融衍生工具独立于现实资本运动，能给金融衍生工具的持有者带来一定收入。具有虚拟性的衍生产品本身并没有什么价值，它只代表获得收入的权利，是一种所有权证书。而且，衍生产品的交易价值是按照利息资本化原则计算的。外汇金融衍生产品是对未来的交易。按照现有的财务规则，在交易结果发生之前，交易双方的资产负债表中都不会记录这类交易的情况。因此，其潜在的盈亏或风险无法在财务报表中体现。

2. 答：外汇期货交易和外汇远期交易都是在未来日期按约定价格交割一定数量的标的物，但二者之间也存在许多重大区别，这主要是由期货市场运行规则决定的。外汇期货合约被视为标准化了的外汇远期合约，同时还有效规避了外汇远期合约交割日期不灵活和违约风险较高等缺点。两种合约的主要区别有：

（1）交易合约是否标准化。外汇远期交易的合约金额和交割日期是由交易双方协商决定的；而外汇期货合约的金额、期限、交割日等要素都是标准化的，由各期货交易所统一制定。

（2）是否集中进行交易和结算。远期外汇市场是无形的分散市场，客户通过电信工具私下联络达成交易，期货交易则是在有形的交易所内进行，所有交易者通过会员公司在交易所场内集中、公开地进行交易；外汇远期交易的结算，由交易双方通过银行转账完成，期货交易则由期货交易所专门设立的独立的清算机构为买卖双方分别结算。

（3）市场流动性。外汇远期合约一般不能转让或直接对冲平仓，到期交割的比例在90%以上；而绝大多数期货合约都在到期日之前通过对冲交易的方式平仓。

（4）价格形成机制和波动程度。外汇远期交易所使用的远期汇率由外汇银行报出，交易额大的客户还可以与银行讨价还价，协商确定交割汇率；期货合约的价格形成遵循公开集中竞价制度，在交易所内统一挂牌交易。此外，期货交易所还为每个外汇期货品种规定合约价值的最小变动和单日最大变动限额。

（5）履约保证。相对而言，外汇远期交易的违约风险较高，所以银行对客户信用等级的要求比较严格，以此作为履约保证；期货交易所的清算机构要求场内经纪公司、经纪公司要求委托交易人分别开立保证金账户，作为履约保证。

（6）投机性。保证金制度虽然使外汇期货交易有效防范了违约风险，但由于它的高杠杆性，也刺激了投机性交易。

3. 答：按照不同的分类标准，外汇期权可分为不同的种类。

（1）按期权持有者的交易目的，可分为买入期权，也称看涨期权；以及卖出期权，也称看跌期权。

（2）按产生期权合约的原生金融产品，可分为现汇期权和外汇期货期权。现汇期权以外汇现货为期权合约的基础资产，外汇期货期权以货币期货合约为期权合约的基础资产。

（3）按期权持有者可行使交割权利的时间，可分为欧式期权和美式期权。欧式期权交易，指期权持有者只能在到期日当天决定执行或不执行期权合约；而美式期权，指期权持有者可以在期权到期日以前的任何一个工作日选择执行或不执行期权合约。

4. 答：外汇掉期交易实际上由两笔交易组成——一笔即期交易，一笔远期交易。在某一日期即期卖出甲货币、买进乙货币的同时，反方向地买进远期甲货币，卖出远期乙货币，将原来手中持有的甲货币来一个掉期。掉期交易的目的在于满足人们对不同资金的需求，即外汇保值和防范汇率风险。

外汇互换是指交易双方相互交换不同币种，但期限相同、金额相等的货币及利息的业务。其中可能既涉及利息支付的互换，又涉及本金支付的互换。外汇互换交易的目的不全是套期保值，但只有双方都为风险对冲者时，才可能实现“双赢”。

5. （1）答：存在无风险套利机会。

（2）答：买入远期合约，卖出期货合约。最大可能收益率为0.13％。

（3）答：远期市场英镑价格上升，期货市场英镑价格下降。

（4）答：期货市场与远期市场上的价格应该趋于一致，否则会存在套利机会，套利行为会使得价格差异消失，比如远期市场的外汇价格低于期货市场的外汇价格，则可以在远期市场买入外汇，同时在期货市场卖出外汇，这样就可以获得无风险收益。但应考虑到远期市场的流动性相对较差，其外汇价格可能略低，而期货市场的流动性较好，外汇价格可能略高。

6. （1）答：见下图。盈亏平衡点为＄0.878 4/€。

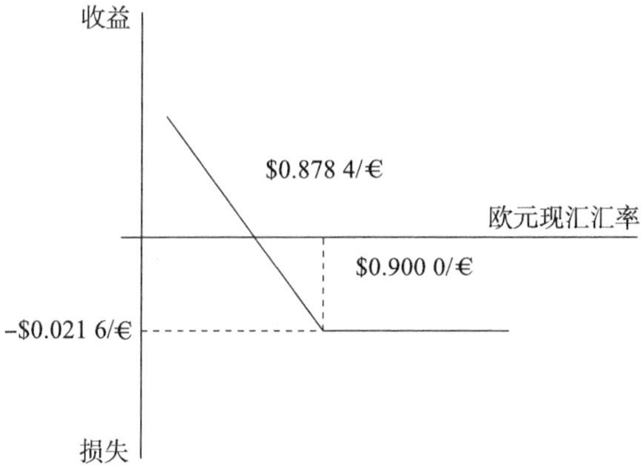

（2）答：公司在期权市场盈利35 500美元。

六、分析讨论题

答：首先应对问题产生的原因进行反思：（1）外部原因是澳元汇率大幅波动；（2）直接原因是财务董事没有遵守风险政策；（3）根本原因是对外汇衍生产品交易的风险性认识不足，加上内部控制制度极端不完善。通过这一事件，应该清醒地认识到，衍生品本身并没有错，企业可以利用它来实现对冲保值，回避不确定性，但如果是用来投机，就应慎重评估其所蕴含的巨大风险和企业自身的承受能力，避免出现类似的“悲剧”。因而作为继任者，你应该慎重抉择是否以及何时通过衍生品交易达到何种目的（是套期保值还是投机），不过也应该避免产生矫枉过正的想法。

第四章

离岸金融市场

第一部分　背景资料

一、学习准备

2012 年是香港人民币离岸市场走向成熟发展的关键转折点。全年经银行处理的人民币贸易结算交易达到 26 325 亿元人民币，较 2011 年增加 37%。人民币点心债市场也持续活跃，2012 年发行量达到 1 122 亿元人民币，而未偿还点心债的余额为 2 372 亿元人民币，较 2011 年底上升 62%。银行的人民币贷款增长更为明显，由 2012 年初的 308 亿元人民币增加 156%至年底的 790 亿元人民币。2012 年底，客户存款和银行发行的存款证余额共计 7 202 亿元人民币，比年初的 6 616 亿元增加近 9%。

香港人民币离岸市场的深度和广度正在提升。2014 年，香港人民币离岸外汇交易市场每天的交易量（包括即期和远期交易）已达到 50 亿美元等值的交易，主要的银行亦已经开始为客户提供人民币兑欧元、英镑和亚洲主要货币的直接外汇报价。人民币金融产品更加多元化，投资 A 股的人民币 ETF、人民币期货以及人民币股票已经在市场推出。其中，已上市的 4 只 A 股人民币 ETF 的市值合计超过 400 亿元人民币。

同时，海外银行在香港银行开设的人民币代理账户数目，从 2010 年底的 187 个增加至 2011 年底的 968 个，以至 2012 年底的 1 402 个。香港与海外银行的应付与应收款项分别为 1 000 亿～1 200 亿元人民币，而净额是应收款项较多，即香港向海外银行提供了人民币头寸。另外，根据环球银行金融电信协会（SWIFT）的统计，香港银行的人民币收付交易量占全球进出内地和离岸市场交易总量的八成。

二、学习目的和要求

本章主要是就国际金融市场的核心部分——离岸金融市场进行分析与说明，核心问题是境外（欧洲）货币市场和境外（欧洲）债券市场产生和发展的原因、市场结构、市场功能等相关内容。具体地说，需要理解和掌握以下知识点：

（1）认识离岸金融市场的本质。

（2）掌握欧洲货币市场产生的原因、欧洲货币市场结构及资金供求的特点、欧洲货币市场的发展与信用膨胀、国际金融稳定之间的关系。

（3）了解欧洲债券的含义与种类、欧洲债券市场及其特点。

三、知识准备

1. 外汇市场、外汇衍生产品市场。
2. 宏观经济学、货币银行学、国际经济学等基本知识。

四、学习拓展

● **案例探讨**

■ 人民币离岸市场

■ 人民币 NDF 交易

● **相关网站**

■ 纽约联邦储备银行网站 http://www.newyorkfed.org/

● **参考文献**

■ Ronald I. McKinnon, *The Eurocurrency Market*, Princeton University Press, 1977

■ John F. Chown, Thomas Kelen, Mary Cooke. *Offshore Financial Centers*, The Financial Times Business Pub. Ltd., 1981

第二部分　练习题

一、本章要义

练习说明：请结合学习情况在以下段落空白处填充适当的文字，使上下文合乎逻辑。

20 世纪 50 年代以后，国际金融领域出现重大变化，将特定货币的存放业务转移到货币发行国境外进行，从而摆脱发行机构的管制和影响，此类市场称作（1）________。

目前，全球主要国际金融中心都经营离岸市场业务。通常，离岸业务与国内金融市场完全分开，不受所在国金融政策限制，可以自由筹措资金，进行外汇交易，实行（2）________，无须交纳（3）________。

经营离岸金融业务的市场又称为（4）________或境外货币市场。20世纪60年代，欧洲货币市场的发展极为迅速，从内在原因来看，第二次世界大战后，资本主义国家经济加快复苏，各国间经济联系越来越密切，西方国家的生产、市场日趋国际化，促进了货币市场和资本市场的国际化。从外在原因来看，则集中表现为以下四个方面：（5）______、（6）________、（7）________和（8）________。

欧洲货币市场由（9）________、（10）________和（11）________构成，其中（12）________为办理短期信贷业务的市场，在该市场进行的资金拆放交易，一般以（13）________为基础，酌量增加一定幅度的加息率。

欧洲货币市场的资金来源分别有（14）________、（15）________、（16）________、石油美元存款以及银行发行的中、短期欧洲票据和欧洲货币存款单，以此聚集大量欧洲银行贷款资金。其资金的需求方分别是（17）________、（18）________和外汇投机者。

欧洲货币市场是一个国际性市场。它的活动量很大，又不受任何国家的法律约束，所以具有很大的竞争性、投机性和破坏性。该市场的发展会对国际金融的稳定产生影响，具体来说有以下三点：（19）________、（20）________和（21）________。总之，欧洲货币市场对国际经济金融局势的稳定是一个潜在的威胁，西方国家已在探讨对它加强管制的问题，但这种设想的提出和各种方案绝非短期所能实现。

（22）________是指借款人（债券发行人）在其他国家发行的以非发行国货币标价的债券。这种境外债券通常是由一些国家的银行和金融机构建立的（23）________出售，并由有关国家向投资人提供担保，因此，这个市场作为本国资本市场和外国债券市场以外长期资金筹措的第三个来源，其特点是对借贷双方来说都具有国际性。外国债券与本国债券都是以（24）________为面值，在该国国内市场报价出售，区别在于外国债券的发行者是一个外国主体。

二、重要概念释义选择

练习说明：请从文字框中为下列国际金融术语选择匹配的定义或描述，将对应的字母编号填入空格处。个别术语有可能对应不止一个描述；如果需要，任意描述可以使用多次。

1. 欧洲货币市场（Eurocurrency markets）__________
2. 欧洲美元__________
3. IBF __________
4. NDF __________
5. 扬基债券（Yankee bonds）__________
6. 武士债券（Samurai bonds）__________
7. 猛犬债券（Bulldog bonds）__________
8. 熊猫债券（Panda bonds）__________

9. 点心债（Dimsum bonds）__________

10. 离岸市场（offshore market）__________

A. 在美国市场承销和发行的非美国公司的美元债券。
B. 由货币发行国境外银行体系所创造的该种货币存贷款业务，而非特指欧洲某个国家的货币。
C. 中文通常译为无本金交割远期外汇交易，主要原理为客户根据自己对人民币汇率变动的预期，预先设定一个人民币的买入值或卖出值，到期时只需要用美元交割预先设定价格与市场价格的差价。
D. 在日本市场承销和发行的非日本公司的日元债券。
E. 由货币发行国境外银行体系所创造的美元存贷款业务，它并不是一种特殊的美元，它与美国国内流通的美元是同质的，具有相同的流动性和购买力。所不同的是，它不由美国境内金融机构经营，不受美联储相关银行法规、利率结构的约束。
F. 规定美国人购买外国债券所得收益高出本国证券投资收益，必须作为税款交给国家的差额部分。
G. 中文通常译为国际银行业设施，主要内容包括：①允许美国银行和在美国的外国银行吸收外国居民、银行、公司以及美国海外公司的存款；②免除存款准备金要求，不受存款利率上限的约束，同时免除联邦存款保险公司规定的保险总额和保险课税；③允许上述银行对外国居民、公司及美国的海外公司提供贷款，但贷款必须用于美国境外。
H. 在英国市场承销和发行的非英国公司的英镑债券。
I. 将特定货币的存放业务转移到货币发行国境外进行，从而摆脱发行机构的管制和影响。
J. The Eurocurrency system comprises the markets within which these claims are created and traded. This activity originated in Europe (hence the prefix euro-) but now takes place throughout the world.
K. 各类机构在香港离岸金融市场上发行的人民币债券。
L. 境外机构在中国发行的人民币计价债券。

三、判断对错

练习说明：判断下列表述是否正确，并在对（T）或错（F）上画圈。

T　F　1. 国际金融市场的核心部分，是从事境外金融业务的在岸市场。

T　F　2. 通常，离岸业务与国内金融市场完全分开，可以自由筹措资金，进行外汇交易，实行自由利率，无须交纳存款准备金，但是仍然要受所在国金融政策的约束。

T　F　3. 欧洲美元是一种特殊的美元，它与美国国内流通的美元是不同质的，具有不同的流动性和相同的购买力。

T　F　4. 欧洲货币市场是指欧洲经营离岸金融业务的市场。

T　F　5. 欧洲货币存贷业务，既游离于货币发行机构的管辖权限之外，也丝毫不受经营机构所在国金融市场的规则约束，带有极强烈的“自由主义”倾向。

T　F　6. 美国征收利息平衡税是为了敦促海外企业把利润汇回国内。

T F 7. Offshore banking is a qualitative rather than a geographically explicit locational term.

T F 8. 欧洲资金市场是办理短期信贷业务的市场，主要进行 1 年以内的短期资金存放。

T F 9. 欧洲货币存款分两种：一种是通知存款，即隔夜至 7 天的存款，可随时发出通知提取；另一种是同业拆借。

T F 10. 欧洲债券市场与欧洲中长期信贷一起构成国际资本市场的主要部分。

T F 11. 1973年主要石油输出国大幅度提高石油价格，积累了大量石油盈余资金，故称石油美元。

T F 12. 欧洲货币市场是信用市场，它同远期外汇市场联系不大。

T F 13. 国际债券市场可以分为两大部分：外国债券（foreign bonds）和欧洲债券（Eurobonds）。

T F 14. 欧洲债券是指借款人（债券发行人）在欧洲发行的以非发行国货币标价的债券。

T F 15. 欧洲债券市场比一般债券市场的容量大，可以筹集到大额资金，并且利率低，期限长，所以投资风险大，对于投资者来说不安全。

T F 16. 按照借贷期限的长短，可以把欧洲货币市场分为资金市场、中长期借贷市场和欧洲债券市场三部分。一般把资金市场也称为欧洲货币市场。

T F 17. 发行欧洲债券不需要向有关国家申请批准，不受各国金融法令的约束。

T F 18. 发行欧洲债券可以用一种货币发行，也可以用两三种货币发行，到期由贷款人选择使用对自己最为有利的货币还本付息。

T F 19. 目前中资企业还不允许做 NDF 业务，但是对于“走出去”的企业，可以做此类业务。

T F 20. 欧洲货币市场作为实现国际资本转移的场所，其加速国际贸易的发展，促进国际金融密切联系的作用是其他国际金融市场和转移渠道无法相比、无法替代的。

四、不定项选择

练习说明：以下各题备选答案中有一个或一个以上是正确的，请将正确答案的字母编号填入括号内。

1. 与在岸市场相比，离岸市场具有以下特点：（　　）。
   A. 与国内金融市场完全分开，不受所在国金融政策限制
   B. 进行外汇交易，实行自由利率
   C. 无须交纳存款准备金
   D. 不需通过中介机构

2. 离岸市场在哪些方面与国内金融市场有所差别？（　　）
   A. 业务规定　　B. 制度结构
   C. 利率决定　　D. 资金的借贷方式

3. 欧洲货币（Eurocurrency）中的“欧洲”是指：（　　）。

A. 非国内的　　　　　　　　　　　　B. 境外的

C. 离岸的　　　　　　　　　　　　　D. 并非地理意义上的

4. 美国于 1981 年 12 月批准在其境内建立国际银行业设施，其主要内容包括：（　　）。

A. 允许美国银行和在美国的外国银行吸收外国居民、银行、公司以及美国海外公司的存款

B. 免除存款准备金要求，不受存款利率上限的约束，同时免除联邦存款保险公司规定的保险总额和保险课税

C. 允许上述银行对本国居民提供不动产贷款

D. 允许上述银行对外国居民、公司及美国的海外公司提供贷款，但贷款必须用于美国境外

5. 欧洲市场形成的外在原因包括：（　　）。

A. 美国国际收支逆差　　　　　　　　B. 美国政府金融政策的影响

C. 其他国家的政策影响　　　　　　　D. 美元币值降低

6. In Eurocurrency markets, three broad classes of financial items are involved:（　　）。

A. bank deposits and credits, for example, dollar deposits held at European banks (i. e. Eurodollar deposits)

B. bank loans, for example, Euro loans held at American banks

C. primary securities in the form of Eurobonds and Euronotes

D. derivative securities such as foreign currency options or futures on Eurodollar instruments

7. 欧洲资金市场的主要特点包括：（　　）。

A. 它是"批发市场"，因为大部分借款人和存款人都是大客户，每笔交易金额很大，少则数万美元，多则可达数十亿美元。数目大，周转快，调拨迅速，反应灵敏

B. 它是银行间市场，银行同业交易占很大比重。由于有一系列银行的参与，最初贷款人的资金可以迅速到达最后贷款人那里

C. 这个市场没有一个中央管理机构，几乎不存在任何管制，经营比较自由

D. 它是高度竞争性的市场。市场限制很少，因而竞争激烈，效率很高

E. 它有独特的利率结构。由于不受管制又不需要保存存款准备金，所以利差可以保持很小的水平

8. 欧洲中长期借贷市场具有如下特点：（　　）。

A. 是欧洲资金市场放款的重要形式

B. 用于政府或企业进口成套设备或大型工程项目的投资

C. 期限一般在 1 年以上，大部分为 5～7 年

D. 中长期借贷的特点主要在于期限的长短

E. 有时还需经借款国的官方机构或政府担保

9. 欧洲货币市场的资金来源包括：（　　）。

A. 商业银行
B. 跨国公司及其他工商企业、个人及非银行金融机构
C. 各国政府和中央银行的外汇资金和外汇储备
D. 石油美元（petrodollars）存款
E. 银行发行的中、短期欧洲票据和欧洲货币存款单，以此聚集大量欧洲银行贷款资金

10. 国际债券可以分为哪些类别？（　　）
A. 外国债券（foreign bonds）　B. 美国债券（USA bonds）
C. 欧洲债券（Eurobonds）　D. 武士债券（Samurai bonds）

11. 下列债券中，不属于外国债券的是：（　　）。
A. 扬基债券　B. 武士债券　C. 金边债券　D. 猛犬债券

12. 按照发行期限的长短，欧洲债券可分为：（　　）。
A. 短期债券（一般是 2 年）
B. 每半年、一年付息一次，到期偿还本金
C. 中期债券（2～5 年）
D. 长期债券（5 年以上）

13. 按清偿的要求，欧洲债券可分为：（　　）。
A. 到期清偿本息
B. 每半年、一年付息一次，到期偿还本金
C. 把债券的清偿与股票相联系
D. 与另一种货币挂钩的债券

14. 欧洲债券市场的特点包括：（　　）。
A. 融资的成本低
B. 不受各国金融法令的约束
C. 可以自由选择货币面值
D. 可以用一种货币发行，也可以用两三种货币发行，到期由贷款人选择使用对自己最为有利的货币还本付息
E. 投资比较安全

15. 一般欧洲资金市场也称为（　　）。
A. 欧洲美元市场　B. 短期借贷市场
C. 欧洲货币市场　D. 欧洲债券市场
E. 银行拆借市场

五、问答题

练习说明：请根据学习内容回答下列问题，计算题应给出过程和答案。

1. 说说欧洲美元是什么意思。
2. 什么是石油美元环流？
3. 欧洲货币市场运行是否存在信用膨胀问题？

4. 简述欧洲债券与外国债券的含义。
5. 简述欧洲货币市场结构。
6. 阐述欧洲货币市场的发展对国际金融市场稳定的影响。
7. 试说明欧洲债券的含义、种类及特点。
8. 试述欧洲货币市场的资金来源和资金运用。

六、分析讨论题

1. 查阅相关资料，讨论香港和上海在人民币国际化进程中的作用和关系。
2. 分析离岸金融市场的作用和存在的主要风险。

第三部分　参考答案

一、本章要义

（1）离岸市场
（2）自由利率
（3）存款准备金
（4）欧洲货币市场
（5）美国国际收支逆差
（6）美国政府金融政策的影响
（7）其他国家的政策影响
（8）美元币值降低
（9）欧洲资金市场
（10）欧洲中长期借贷市场
（11）欧洲债券市场
（12）欧洲资金市场
（13）伦敦银行间同业拆放利率（LIBOR）
（14）商业银行
（15）跨国公司及其他工商企业、个人及非银行金融机构
（16）各国政府和中央银行的外汇资金和外汇储备
（17）跨国公司
（18）非产油国家
（19）经营欧洲货币业务的银行要承担更大的风险
（20）证券市场波动加剧

（21）影响各国金融政策的实施
（22）欧洲债券
（23）国际承销辛迪加
（24）发行国货币

二、重要概念释义选择

1. B	2. E	3. G	4. C
5. A	6. D	7. H	8. L
9. K	10. I		

三、判断对错

FFFFT　FTTFT　TFTFF　TTTFT

四、不定项选择

1. ABC	2. ABCD	3. ABCD	4. ABD
5. ABCD	6. ACD	7. ABCDE	8. ABCE
9. ABCDE	10. AC	11. C	12. ACD
13. ABCD	14. ABCDE	15. C	

五、问答题

1. 答：欧洲美元并不是一种特殊的美元，它与美国国内流通的美元是同质的，具有相同的流动性和购买力。所不同的是，欧洲美元不由美国境内金融机构经营，不受美联储相关银行法规、利率结构的约束。这里的“欧洲”，是指“非国内的”“境外的”“离岸的”，并非地理意义上的。

2. 答：在第二次世界大战后以美元为中心的布雷顿森林体系下，美元是最重要的贸易、投资和储备货币。作为最大宗的贸易商品，绝大多数的石油进出口一直以美元计价和结算。1973 年主要石油输出国大幅度提高石油价格，积累了大量石油贸易盈余资金，故称石油美元。

石油输出国将大量石油美元存入西方国家的商业银行，使这些资金成为国际信贷的重要部分。由于石油进口国家大量利用欧洲银行贷款来弥补因石油价格上涨造成的贸易收支逆差，石油美元在产油国和非产油国之间不断循环，这种现象被称为“石油美元环流”(recycling of petrodollars)。

3. 答：欧洲货币市场是信用市场，同远期外汇市场也发生着紧密的联系。欧洲货币市场与外汇市场的结合，给市场带来了更广阔的活动空间。与此同时，各国际金融中心除了信用评级机构和中央结算体系外，并没有任何正规的金融管理部门实施对欧洲货币市场上金融机构以及它们所进行的信贷业务活动的管理，在这种情况下，如何控制各个金融中心，乃至全球的欧洲货币市场信贷规模是一个重要问题。全球已经就这个问题达成了共识：欧洲货币市场并不大量增加金融系统创造货币和信贷的能力。

例如，一家伦敦银行现持有一家纽约银行的活期存款，它不可能让这笔资金闲置起来。相反，这家银行将其贷放给一家公司或政府单位，或者它将这笔资金“放”到欧洲美元银行同业市场。在前一种交易中，借款人取得对纽约银行的活期存款的所有权，已经发生了信贷扩张。在后一种交易中，另一家银行（如一家巴黎银行）在美国银行取得资金而没有最后的信贷扩张，这笔存款在到达最终借款人之前可能在许多银行之间周转。而对于这笔存款的最终出路，可能有以下几种情况：

（1）收款人收到欧洲美元存款后希望把这笔资金兑换成其本国货币，从而导致它从欧洲美元市场退出。

（2）欧洲银行将这笔资金贷给一家公司或政府单位，世界贷款增加。

（3）贷出的欧洲美元又存入欧洲美元市场，信贷多倍增加。

可见，第三种情况可以造成欧洲美元市场的信用膨胀，但这种情况的产生有一个前提，即各国（至少是各国际金融中心所在国）中央银行要允许欧洲美元兑换为它们的货币再存入欧洲美元市场。而这一条件在大多数国家是不具备的。一般地，各国中央银行严格区分商业银行的境内业务和境外业务。这也是防止国际游资冲击本国市场的防护堤。

当然，这并不意味着欧洲货币市场没有信用膨胀。由于欧洲货币市场没有准备金规定，只受对借贷资本的需求和贷款机构本身的谨慎态度的限制，信用膨胀的可能性也很大。

应该认为，一个经济社会越开放，越难进行贷款倍数分析。很难通过欧洲货币的准备金比率和再贷款率确定欧洲货币扩张的固定倍数，而且，欧洲货币市场的增长并未经历西方传统意义上的倍数扩张过程，它并不存在那种传统意义上的倍数扩张的“货币基础”。所以从欧洲货币的“基础”来确定欧洲货币体系扩张的倍数也是不科学的。因此，关于欧洲货币市场的信用膨胀程度，目前尚难做出准确的定量结论。

以上论述说明，欧洲货币市场有一定的信用膨胀问题，但是并没有想象中那么可怕，只要加强管理还是可以控制的。

4. 答：外国债券是指借款人在国外资本市场发行的以发行国货币标价的债券。外国债券的发行者是一个外国主体。最重要的外国债券市场包括苏黎世、纽约、东京、法兰克福、伦敦和阿姆斯特丹等。

欧洲债券是指借款人（债券发行人）在其他国家发行的以非发行国货币标价的债券。这种境外债券通常是由一些国家的银行和金融机构建立的国际承销辛迪加负责出售，并由有关国家向投资人提供担保，因此，这个市场作为本国资本市场和外国债券市场以外长期资金筹措的第三个来源，其特点是对借贷双方来说都具有国际性。

5. 答：欧洲货币市场主要分为欧洲资金市场、欧洲中长期信贷市场和欧洲债券市场。

（1）欧洲资金市场是办理短期信贷业务的市场，主要进行 1 年以内的短期资金存放。欧洲货币市场短期资金拆放是产生最早、规模最大的业务。这种交易也称银行同业拆放。

期限最短为隔夜，多则3个月，最长不超过1年。这种拆放活动主要凭借信用，无须提供担保，也不需要签订合同，通过电话或者电传即可成交。利率一般以伦敦银行间同业拆放利率（LIBOR）为基础，酌量增加一定幅度的加息率，加息幅度根据情况由借贷双方自行议定，一般在0.25%～1.25%。欧洲资金市场的存款利率一般高于国内，而贷款利率往往较低，欧洲银行存贷款之间的利差很小。因此，欧洲资金市场对存款人和借款人都很有吸引力。

（2）欧洲中长期借贷市场是欧洲货币市场贷款的重要形式，用于政府或企业进口成套设备或大型工程项目的投资。期限一般在1年以上，大部分为5～7年。中长期借贷需签合同，有时还需经借款国的官方机构或政府担保。中长期借贷的特点主要不在于期限的长短，而在于利率的规定。贷款利率在伦敦银行间同业拆放利率基础上加一个附加利率，并根据市场利率变动情况定期调整，故也称“浮动利率”贷款。借款人除支付利息外，还要承担与借款有关的各种费用。与短期信贷一样，长期信贷的用途也由借款人自行安排，贷款人不加限制。中长期信贷的资金来源绝大部分是短期存款，也有少数长期存款。对金额大、期限长的贷款，往往采用银团贷款方式，它构成欧洲中长期信贷的主要方式。

（3）欧洲债券市场与欧洲中长期信贷一起构成国际资本市场的主要部分。欧洲债券是指借款人（债券发行人）在其他国家发行的以非发行国货币标价的债券。这种境外债券通常是由一些国家的银行和金融机构建立的国际承销辛迪加负责出售，并由有关国家向投资人提供担保，因此，这个市场作为本国资本市场和外国债券市场以外长期资金筹措的第三个来源，其特点是对借贷双方来说都具有国际性。

6. 答：欧洲货币市场是一个国际性市场。它的活动量很大，又不受任何国家的法律约束，所以具有很大的竞争性、投机性和破坏性，对国际金融市场的稳定有深刻的影响。

（1）经营欧洲货币业务的银行要承担更大的风险。欧洲货币的特点决定了它的高风险性：①借款人除了本国客户外，还有外国客户，或虽为本国客户，又转手放给外国客户，所以它具有极复杂的国际连锁关系。②借款金额巨大，而又缺乏抵押担保。有时借款人把资金转借出去，几经倒手后，甚至连最终用款人是谁也不能完全掌握。③银行难以与实际客户取得紧密联系，对资金运用情况更难进行了解。④银行的资金来源多是居民或非居民的短期美元存款或同业拆放的款项，银行有义务随时偿付。而资金运用多为中长期信贷，这种存短放长的矛盾在经济出现衰退或信贷过度集中在一个国家或一个对象时，很容易诱发偿还危机。

（2）使证券市场动荡加剧。欧洲货币市场上的资金具有很大的流动性，每当主要货币间的汇率大幅波动或出现升贬值可能时，它的流动就进一步加剧。时而抢购黄金，时而抢购硬货币，还通过套汇进行投机，影响受冲击国家的货币稳定。同时这些资金还投向证券市场抢购股票和其他有价证券。

（3）影响各国金融政策的实施。对参与欧洲货币市场的国家来说，如果对欧洲美元等资金运用过多，依赖过深，或这种资金流入流出过于频繁，数额过大，则在一定程度上将会影响到该国国内货币流通的状况。该国货币当局控制国内货币流通量和信贷额度更加困难，金融政策的作用越来越小。欧洲货币市场的利率不受任何国家的法律限制，完全根据市场供求来决定。而各种货币的利率又是各国金融政策的主要工具，在这个意义上必然受各国经济发展状况的影响。各国为了刺激本国经济，鼓励固定资本投资，利率水平往往超低。反之，为了抑制通货膨胀，往往采取紧缩信贷、提高利率的措施。但这些措施往往因欧洲市场利率的影响而受到较大干扰，预期目标不易实现。

综上所述，欧洲货币市场对国际经济金融形势的稳定是一个潜在的威胁，西方国家已在探讨对它加强管制的问题，但这种设想的提出和各种方案绝非短期所能实现。

7. 答：(1) 欧洲债券是指借款人（债券发行人）在其他国家发行的以非发行国货币标价的债券。这种境外债券通常是由一些国家的银行和金融机构建立的国际承销辛迪加负责出售，并由有关国家向投资人提供担保，因此，这个市场作为本国资本市场和外国债券市场以外长期资金筹措的第三个来源，其特点是对借贷双方来说都具有国际性。

(2) 依据分类方式的不同，欧洲债券可以分为以下几种：①按照发行期限的长短，可分为短期债券（一般是 2 年）、中期债券（2～5 年）和长期债券（5 年以上）。②按利率规定情况，可分为固定利率债券、浮动利率债券和混合利率债券（即把债券的偿还期限分为两段，一般前一段债券的计息按浮动利率，后一段债券的计息按固定利率）。③按出售方式，可分为公募债券和私募债券。④按清偿的要求，可分为到期清偿本息或每半年、一年付息一次，到期偿还本金；或者把债券的清偿与股票相联系。另外，还有与另一种货币挂钩的债券，这种债券的面值货币与另一种货币挂钩，发行时规定两种货币的比价。购买债券和还本付息使用面值货币，但要以挂钩货币计算。

(3) 欧洲债券有如下特点：首先，发行欧洲债券进行融资的成本更低。其次，由于是境外市场，不需要向有关国家申请批准，不受各国金融法令的约束。再次，可以自由选择货币面值。最后，可以用一种货币发行，也可以用两三种货币发行，到期由贷款人选择使用对自己最为有利的货币还本付息。此外，由于债券可以转让，金额分散，地理范围广大，一般又有政府担保，所以欧洲债券市场比一般债券市场的容量大，可以筹集到大额资金，并且利率低，期限长。对于投资者来说，由于发行人一般是各国政府、国际金融机构和信誉卓越的公司，所以投资比较安全；而且债券利息收入在多数国家免税，可以获得较多的收益。

8. 答：(1) 欧洲货币市场的资金来源相对广泛，主要有以下几种：

①商业银行。欧美商业银行为解决国内企业分布于世界各地的跨国公司对资金融通的需求或避开本国限制资金外流的措施，纷纷到海外设立分支机构，并拥有了巨额资产，成为欧洲货币市场的重要资金来源。

②跨国公司及其他工商企业、个人及非银行金融机构。由于欧洲货币市场的存款利率较高，调拨灵活，手续简便，又可以不受某些金融法令、规章的限制，所以跨国公司及一些较大的工商企业都愿意把资金投入欧洲货币市场，达到增值的目的。

③各国政府和中央银行的外汇资金和外汇储备。为了谋取高额利息，对外贸易持续顺差的国家的中央银行往往把其持有的外汇直接投放到欧洲货币市场，或者间接通过本国商业银行或国际金融机构把美元资金投放到该市场。

④石油美元（petrodollars）存款。1973 年主要石油输出国大幅度提高石油价格，积累了大量石油盈余资金，故称石油美元。大部分石油美元投入国际金融市场谋利，成为 20 世纪 70 年代欧洲货币市场重要的资金来源。

⑤银行发行中、短期欧洲票据和欧洲货币存款单，以此聚集大量欧洲银行贷款资金。

（2）欧洲货币市场的资金主要运用于：

①跨国公司。跨国公司是影响欧洲货币市场和国际游资活动的一股庞大的力量。欧洲货币市场自然成为跨国公司所需资金的主要提供场所。

②非产油国家。石油输出国将大量石油美元存入西方国家的商业银行，使这些资金成为国际信贷的重要部分。由于石油进口国家大量利用欧洲银行贷款来弥补因石油价格上涨造成的贸易收支逆差，石油美元在产油国和非产油国之间不断循环，这种现象被称为“石油美元环流”。

③外汇投机者。自1973年浮动利率制度实施以来，利用利率变动而进行外汇投机买卖的交易增多，从而扩大了对欧洲货币贷款的需求。

六、分析讨论题

1. 答：从历史来看，正是随着欧洲美元离岸市场的发展、美国银行海外业务的扩展而逐步实现了美元的国际化，并在相当长的时期内形成了美元独霸国际货币市场的局面。日元等几种主要国际货币也都走过类似的发展道路。在某种程度上，今天的香港成为境外人民币存贷款结算中心，这与当年伦敦成为境外美元离岸中心的货币国际化进程其实是非常接近的。

香港是著名的国际金融中心。它具有优越的地理位置、良好的宏观环境和金融环境，优惠的制度安排、完善的法律和监管体系，在开展离岸金融业务方面积累了大量经验。推出人民币金融产品可以直接借鉴其他货币离岸业务的经验以及客户基础。

就国际金融中心的资历和经验来说，上海与香港相比处于明显劣势。香港金融市场在人才聚集、法制健全、制度安排和监管方面都远远优于上海，是上海学习的榜样。但学习的同时也意味着赶超的可能。近年来，上海在金融对外开放方面取得重要进展，外资金融机构加速聚集，国际化程度稳步提高，证券市场QFII数量和投资额度进一步增加；货币、外汇、黄金等市场稳步有序向外资金融机构开放；境内金融机构稳步拓展海外业务……这些都为上海国际金融中心提供了更加广阔的发展空间。

“十二五”时期，上海提出建设人民币跨境支付清算中心和人民币跨境投融资中心，力争到2015年基本确立上海的全球性人民币产品创新、交易、定价和清算中心地位。显然，在构建人民币国际清算中心方面，上海所具有的资源优势和心理优势都是香港望尘莫及的。应当看到，随着人民币国际化程度的不断提高，离岸市场和在岸市场的差异性将会进一步缩小。未来香港和上海可能形成良性的竞争与合作互动关系，各自探索适合的国际金融中心发展模式。

香港人民币离岸市场的发展，需要上海在岸市场为人民币回流提供畅通渠道。如果上海在岸市场建设滞后，深度、广度不足，境外人民币回流投资可能会受到一定冲击。一旦人民币回流受限，在香港人民币市场规模还相对较小的情况下，必然降低人民币对境外主体的吸引力，影响香港人民币离岸市场的发展。

将上海打造成为全球人民币定价中心是人民币国际化的自然产物。未来上海可以利用在岸金融中心的资源和体制优势，为香港物色合作伙伴，提供多样的人民币金融产品及投资方向，香港则利用离岸金融中心的资金、管理和人才优势，为内地提供发展平台。事实上，新加坡、伦敦等国际金融中心近年来也都对发展人民币离岸金融中心表现出浓厚的兴趣。这一方面是对中国经济成长和人民币未来国际地位的充分肯定，另一方面也为人民币国际化道路增加了新的变数。但无论如何，香港和上海都应当在人民币国际市场的开发与培育上留下自己的历史印记。

2. 答：可从下列几个方面分析：

积极影响：

(1) 提供便利畅通的融资渠道，推动经济发展；

(2) 缓和国际收支失衡，促进各国国际收支平衡；

(3) 提供就业机会，刺激所在地经济增长；

(4) 提高所在国金融业的竞争力；

(5) 加速全球金融创新的过程，为各国提供丰富的国际清算和风险防范工具。

消极影响：

(1) 给一国国内金融政策的独立制定与实施增加难度；

(2) 给国际金融秩序的稳定带来潜在冲击。

面临的风险：

(1) 从微观层面看，风险主要体现为增加金融机构的脆弱性，从而加大国内金融机构的脆弱性。包括：期限错配引发的流动性风险；货币错配带来的汇率风险；信贷扩张催生的资产泡沫风险；企业利用离岸机构产生的信用风险。

(2) 从宏观层面看，离岸金融中心的资本流动会加大对国内货币政策的扰动，并可能引发外债规模的失控。包括：对国内货币政策的扰动；短期资本流动风险；外债规模失控风险；离岸风险的在岸化和向整个银行体系的蔓延。

第五章

国际资产组合投资

第一部分　背景资料

一、学习准备

2011 年 12 月 16 日，中国证监会和国家外汇管理局联合公布《关于实施〈基金管理公司、证券公司人民币合格境外机构投资者境内证券投资试点办法〉的规定》，即人民币 QFII（RQFII）制度，又称小 QFII 制度。与 2002 年开始实施的、针对外币资金的 QFII 制度不同的是，RQFII 制度允许境外合格机构投资者募集离岸市场的人民币，投资于境内证券市场。这里的境外合格机构投资者主要是指在港中资证券公司及基金公司。

目前，RQFII 试点项目允许经批准的境外机构投资者在内地资本市场购买至多 200 亿元人民币（约合 31 亿美元）的债券和股票，其中香港募集的 RQFII 产品投资于股票及股票类基金的资金不超过募集规模的 20%，投资于固定收益证券的资金不少于募集规模的 80%。试点机构可以在托管及结算代理银行开立三类专用存款账户，分别用于银行间债券市场交易、交易所债券市场交易和股票市场交易的资金结算。

二、学习目的和要求

本章的主体是阐述国际组合投资的一般理论知识，核心问题是国际金融市场一体化的趋势、机构投资者在国际金融市场上的重要作用以及国际资产组合投资的原理和渠道。具体地说，需要理解和掌握如下一些知识点：

（1）国际金融市场的构成和特征；
（2）国际金融市场一体化的含义和衡量标准；
（3）机构投资者的构成；
（4）国际化投资的动机；
（5）国际组合投资的特殊风险与渠道。

三、知识准备

1. 投资学的基本知识。
2. 外汇、汇率与金融市场。

四、学习拓展

- **债券投资的背景知识网站 http://www.sifma.org/**
- **国际金融市场行情可通过以下网站了解**
- 纳斯达克市场网站 http://www.nasdaq.com/
- 纽约证券交易所网站 http://www.nyse.com/
- 芝加哥期货交易所网站 http://www.cbot.com/

第二部分　练习题

一、本章要义

练习说明：请结合学习情况在以下段落空白处填充适当的文字，使上下文合乎逻辑。

跨国投资的理论基础是投资组合理论，美国著名经济学家（1）________ 1952年3月在《金融杂志》上发表的《资产组合选择——投资的有效分散化》一文标志着现代投资组合理论的开端。

投资者之所以在国际范围内进行组合投资，根本的动机体现为两个方面：获取更高的收益和实现风险（2）________。在一国金融市场范围内，（3）________风险可以通过组合投资予以分散，但（4）________风险不能通过分散投资相互抵消或削弱。而国际证券组合投资不仅可以降低非系统性风险，还可以起到降低相对于一国而言的系统性风险的作用。虽然国际组合投资具有上述优点，但是与投资本国证券相比，投资者投资外国证券还必须面临额外的风险，主要包括（5）________和汇率风险。

投资者进行国际投资的主要途径有三种：在外国证券市场上直接购买外国证券；购买本国市场上的外国证券；投资（6）________。

从20世纪80年代开始，在金融管制放松、金融创新层出不穷和通信等新技术迅速发展等因素的推动下，国际金融市场进入了一个一体化发展的新时期，国内和国外金融市场的联系日益紧密，协调逐步加强，它们相互影响、相互促进，逐步走向统一的金融市场。金融市场一体化是通过金融（7）________一体化和金融（8）________一体化两条主要路径来实现的，二者之间彼此促进。目前，比较常见的衡量金融市场一体化的方法主要有四种：（9）________、（10）________、（11）________和（12）________模型。

在过去的几十年中，主要国家的机构投资者得到了长足发展，它们所拥有的资产的绝对规模和相对规模增长都很快。从广义上讲，用自有资金或者从分散的公众手中筹集资金专门进行投资活动的法人机构都可以被称为机构投资者，包括商业银行、证券公司、投资公司、保险公司、基金等。从狭义上讲，机构投资者可以定义为一类特殊的金融机构，即通过自己的经营活动从投资者手中募集资金，代表小投资者管理他们的资产，在可接受的风险范围内，利用这些资产进行投资，获得最大收益，主要包括养老基金、保险公司和共同基金等。

机构投资者倾向于利用（13）________投资来增加收益和规避风险，这一方面促进了各国金融市场和国际金融市场的发展，另一方面也给国际金融市场带来了风险，主要体现为加剧市场价格波动以及金融危机的（14）________和（15）________。应当注意的是，不同类型的机构投资者因为投资行为的差异，对国际金融市场的影响也不尽相同。

二、重要概念释义选择

练习说明：请从文字框中为下列国际金融术语选择匹配的定义或描述，将对应的字母编号填入空格处。个别术语有可能对应不止一个描述；如果需要，任意描述可以使用多次。

1. 金融市场一体化________
2. 系统性风险________
3. 非系统性风险________
4. 存托凭证________
5. 抛补利率平价________
6. 非抛补利率平价________
7. 实际利率平价________
8. 储蓄与投资模型________
9. 主权财富基金________
10. QFII 制度________
11. 养老基金________

A. 由那些影响整个金融市场的风险因素所引起的风险，这些因素包括经济周期、国家宏观经济政策的变动等，该类风险不能通过分散投资完全消除，因此又称为不可分散风险。
B. 国内金融资产的利率与国外金融资产的利率之差应该等于两国远期汇率的升水或贴水。

C. 由哈佛大学的经济学家马丁·费尔德斯坦（Martin Feldstein）和查尔斯·霍里奥卡（Charles Horioka）于1980年提出的模型，该模型通过检验国家间储蓄和投资的相关性来判断金融市场一体化的程度。
D. 又称预托凭证，是指在一国证券市场流通的代表境外公司有价证券的可转让凭证，属公司融资业务范畴的金融衍生工具。
E. 一种与特定公司或行业相关的风险，它与经济、政治以及其他影响所有金融变量的因素无关，可以通过组合投资予以分散。
F. 其他所有特征都相同的两国金融工具的利率差异，应该等于两国货币即期汇率的预期变动率。
G. 通过发行基金股份或受益凭证，募集社会上的养老保险资金，委托专业基金管理机构用于产业投资、证券投资或其他项目的投资，以实现保值增值的一种投资基金。
H. 在均衡状态下，两国的金融工具在其他特征都一样的情况下，剔除了通货膨胀因素的实际利率水平是相等的。
I. 即合格境外机构投资者制度，是指允许经核准的合格境外机构投资者，在一定规定和限制下，汇入一定额度的外汇资金，并转换为当地货币，通过严格监管的专用账户投资当地证券市场，其资本利得、股利等经批准后可转换为外汇汇出的一种市场开放模式。
J. 国内和国外金融市场之间日益紧密的联系和协调，它们相互影响、相互促进，逐步走向统一金融市场的状态和趋势。
K. 通过特定税收与预算分配、国际收支盈余和自然资源收入等方式积累形成的，由政府控制与支配的，通常以外币形式持有的公共财富。

三、判断对错

练习说明：判断下列表述是否正确，并在对（T）或错（F）上画圈。

T F 1. 非抛补利率平价要求国家风险溢价和汇率风险溢价都为零，因为条件过于苛刻，因此不大实用。

T F 2. 机构投资者所带动的巨额资金在国家间的迅速转移，加剧了各国金融市场价格的波动，无法起到丝毫的稳定作用。

T F 3. 如果各国间证券投资收益的相关性非常高，那么通过国际组合投资来规避风险的作用就不明显了。

T F 4. 国际组合投资与国内投资相比，绝对风险水平降低了。

T F 5. 要实现分散风险的目的，投资者应当在投资组合中加入与本国经济周期恰好相反的国家的证券。

T F 6. 系统性风险又称不可分散风险，是无法通过分散投资完全消除的风险。

四、不定项选择

练习说明：以下各题备选答案中有一个或一个以上是正确的，请将正确答案的字母编号填入括号内。

1. 开创现代组合投资理论的经济学家是：(　　)。
   A. 弗兰科尔和罗斯　　B. 威廉·夏普
   C. 欧文·费雪　　D. 哈里·马科维茨
2. 国际组合投资的收益增值来自以下哪些渠道？(　　)
   A. 对年均收益率最高的金融市场的投资
   B. 外国证券市场无效，外国证券价格无法反映真实或者全部的信息
   C. 本国与外国证券市场一体化程度较差，两国金融市场同等风险对应的收益率水平不同
   D. 对管制较为宽松的金融市场投资可以规避成本
3. 对于系统性风险的表述，正确的是：(　　)。
   A. 国内组合投资只可降低，不可消除系统性风险
   B. 国际组合投资只可降低，不可消除系统性风险
   C. 又被称为不可分散风险
   D. 由影响整个金融市场的因素所引起，例如国家宏观经济政策、经济周期性波动等
4. 在以下有关 QFII 制度的表述中，正确的有(　　)。
   A. 只可能出现在货币没有完全自由兑换和资本账户尚未完全开放的国家之中
   B. 2003 年瑞士联合银行成为以 QFII 身份投资于中国证券市场的第一家海外机构投资者
   C. 限制和审查的主要内容有：外资进入市场的渠道和数额，汇入汇出的期限等
   D. 这一制度形成于 20 世纪 80 年代，是自由化改革的一部分
5. 常用的衡量金融市场一体化的方法包括(　　)。
   A. 抛补利率平价　　B. 非抛补利率平价
   C. 实际利率平价　　D. 储蓄与投资模型
6. 在衡量金融市场一体化的四种方法中，价格型评价方法包括(　　)。
   A. 抛补利率平价　　B. 非抛补利率平价
   C. 实际利率平价　　D. 储蓄与投资模型
7. 推动金融市场一体化趋势的因素包括(　　)。
   A. 金融创新
   B. 技术创新
   C. 20 世纪 80 年代兴起的金融自由化改革浪潮
   D. 放松金融管制
8. 金融市场一体化的三个层次包括：(　　)。
   A. 各国银行和金融机构跨国经营而形成的各国金融市场的关联链
   B. 金融壁垒和金融障碍的逐步消除
   C. 各国金融市场之间交易量的扩大
   D. 相同金融工具在不同金融市场上价格趋同

9. 金融市场一体化实现的途径包括：（　　）。
   A. 不同国家金融市场之间的障碍和壁垒逐步消除
   B. 金融机构和跨国公司的经营突破国界的障碍
   C. 通过契约条文和特定的组织形式实现的金融市场一体化
   D. 不同国家金融市场相互交往和沟通
10. 实际利率平价推导的理论依据包括（　　）。
   A. 绝对购买力平价　　B. 相对购买力平价
   C. 费雪方程式　　D. 抛补利率平价
11. 实际利率平价是指（　　）。
   A. 两国金融资产的利率差异，应当等于两国货币远期汇率的升水和贴水
   B. 两国金融资产的利率差异，应当等于两国货币即期汇率的预期变动率
   C. 两国金融资产的实际利率水平应当是相等的
   D. 最为精确地衡量国际金融市场一体化的方法
12. 有关储蓄与投资模型，正确的表述是：（　　）。
   A. 计算简单，实用性强
   B. 假设条件过于苛刻，引起的争议较多
   C. 认为金融市场一体化程度越高，储蓄向投资的转化就越顺畅，二者之间的相关性越高
   D. 认为随着金融市场一体化程度的提高，一国的储蓄和投资之间的相关程度会随之削弱

五、问答题

练习说明：请根据学习内容回答下列问题，计算题应给出过程和答案。

1. 国际组合投资对于增加收益和分散风险有什么意义？
2. 国际组合投资面临哪些特殊风险？
3. 国际组合投资有哪些渠道？
4. 简述金融市场一体化的含义和实现途径。
5. 衡量金融一体化的方法有哪些？它们各自有什么特点？
6. 试分析国际金融市场上不同种类的机构投资者的投资行为特征。
7. 人民币跨境支付系统（CIPS）的建立如何影响人民币国际化？
8. 有哪些中国企业已借助美国存托凭证完成了在美国市场的融资活动？你有何评价？

六、分析讨论题

国际金融市场一体化是指20世纪50年代末60年代初开始的国内和国外金融市场在金融自由化、金融创新及科技进步的促进下联系日益密切、影响逐步加深，逐步形成统一的金融市场的一种过程和趋势。金融市场的一体化使得越来越多的资本走出国门，活跃于国际金融市场。

然而，2008年金融危机使得很多投资者损失惨重，尤其是全球资本市场的动荡让QDII（合格境内机构投资者）遭受重创。上海财汇信息技术有限公司的数据显示，从2008年9月26日到10月9日，短短十几天内，8只QDII基金单位净值全线大幅下跌，平均跌幅达到了14.3%。在全球股票资产上配置越高的基金，此次损失越惨重。

2007—2008年，QDII基金持有者们的市值缩水严重，损失惨重。据保守估计，有逾700亿元资金灰飞烟灭。投资者此时对QDII基金的热情降至冰点以下。

讨论金融市场一体化和国际组合投资之间的关系。

第三部分 参考答案

一、本章要义

(1) 哈里·马科维茨
(2) 分散化
(3) 非系统性
(4) 系统性
(5) 国家风险
(6) 共同基金
(7) 活动
(8) 制度
(9) 抛补利率平价
(10) 非抛补利率平价
(11) 实际利率平价
(12) 储蓄与投资
(13) 国际化
(14) 溢出
(15) 传染

二、重要概念释义选择

1. J　2. A　3. E
4. D　5. B　6. F
7. H　8. C　9. K
10. I　11. G

三、判断对错

FFT　FTT

四、不定项选择

1. D　2. BC　3. BCD　4. ABCD

5. ABCD　6. ABC　7. ABCD　8. ACD
9. AC　10. BC　11. C　12. BD

五、问答题

1. 答：国际证券投资理论认为，投资于多个国家的证券比仅投资于一国证券市场能有效地分散风险，并保持不变的收益水平。各国经济波动周期的差异以及国际证券市场一体化程度不高，相关系数较低，可为投资者在不同时期、不同国家分散风险提供必不可少的条件。通过国外投资，可部分地消除证券组合中来自本国经济周期波动的影响，这既能在较大程度上消除各种风险，又能使投资者持续获得局限于一地所无法保持的长期收益。所以，投资者进行国际组合投资的动机主要在两个方面：

（1）获取更高的收益。国际组合投资所带来的收益增值主要来自两个渠道。第一，如果外国证券市场无效率，那么外国证券的价格就不能反映全部信息。准确把握交易时机的投资者可以获得超额利润。第二，外国证券市场与本国证券市场分割，这意味着外国市场的投资者承担证券投资风险而获得的报酬与本国市场上的投资者不同。例如，各个国家经济发展周期不同，资本的丰裕程度不同，产业发达程度不同，这些差异决定了各国证券市场的收益也各不相同。如果这些市场始终被各种壁垒分割，那么这些收益差异就会持续下去。投资者始终可以通过国际组合投资来获得增值收益。

（2）获取风险分散化收益。投资是有风险的，按照风险能否分散，风险可以划分为系统性风险与非系统性风险。资产组合理论证明，资产组合的风险随着组合所包含的证券数量的增加而降低，资产间相关度极低的多元化资产组合可以有效地降低非系统性风险。全球化进程的日益发展使我们能够利用国外的证券，将其作为一种可行的更大范围上的分散化途径。一国国内证券组合投资，一般只能分散本国市场上的非系统性风险，而国际证券组合投资，不仅可以降低非系统性风险，还可以起到降低相对于一国而言的系统性风险的作用。但是，这一结论成立的前提是各国之间证券投资收益的相关性比较低。从投资组合的角度看，与国内证券之间或国内不同证券市场之间的相关性相比，不同国家证券市场之间的相关性要小得多。这表明，如果投资者能够对其投资实施国际分散化措施，那么就能大大降低风险。

2. 答：与投资本国证券相比，投资者投资外国证券还面临额外的风险，主要包括国家风险和汇率风险。

所谓国家风险，指的是投资者进行货币兑换的能力的不确定性。具体地说，外国政府可能限制甚至完全禁止货币间的兑换，或者对货币兑换征收各种各样的税负或费用，从而加大货币兑换的成本；或者是该国经济环境突然发生了变化导致投资者遭受损失。

汇率风险是指货币兑换比率的不确定性，即投资者在投资购买外国证券时，其未来的以外国货币计值的投资在兑换成本币时面临着不确定性。

要想彻底消除国际组合投资所带来的额外风险几乎是不可能的。国家风险可以通过国家间的投资保护协定、税收饶让协定来解决，但不可能做到完全消除。汇率风险可以通过在远期外汇市场和外汇衍生产品市场进行相应的操作来规避，但也无法完全消除。

3. 答：投资者可以通过多种途径进行国际投资，每一途径都有其自身的优点和缺点。

（1）在外国证券市场上直接购买外国证券。好处是投资者可以完整地实现自己的投资意图，贯彻自己的投资政策，但在技术层面可能存在一些障碍，例如，跨境交易成本过高、外汇兑换成本加大、对外国证券的信息掌握不充分，等等。因此，对于个人投资者来讲，直接购买外国证券是一个综合成本较高的国际组合投资形式，却是较大规模的投资机构在国际投资中首选的方式。QFII 制度是直接投资于发展中国家证券市场的一条重要途径。这种制度是在货币没有完全自由兑换、资本账户尚未开放的情况下，有限度地引进外商投资于本国证券市场。

（2）购买本国市场上的外国证券。目前，大多数公司的海外发行采取了存托凭证的形式，购买存托凭证也成为一国投资者构筑国际组合的重要渠道。存托凭证是指在一国证券市场流通的代表境外公司有价证券的可转让凭证，属公司融资业务范畴的金融衍生工具。存托凭证实际上是境外公司存托股票的替代证券。存托凭证发行后，与其他证券一样，可以在外国证券交易所或柜台市场自由交易。

（3）投资共同基金。投资者也可以通过购买投资于外国证券市场的共同基金来实现国际组合投资，这也是个人投资者最好的选择。这些投资于外国证券市场的共同基金可以分为全球基金、国际基金、区域基金、国家基金和新兴市场基金等多个类别。

4. 答：所谓金融市场一体化，是指国内和国外金融市场之间日益紧密的联系和协调，它们相互影响、相互促进，逐步走向统一金融市场的状态和趋势。罗里・C. 史密斯和英格・沃尔特认为，金融市场一体化包含三层含义：第一，各国银行和金融机构跨国经营而形成的各国金融市场的关联链；第二，各国金融市场之间关联链的形成，极大地促成了各国金融市场之间金融交易量的增长；第三，基于以上两个方面，各国金融市场的利率决定机制相互影响，具体表现为相同金融工具在不同金融市场上的价格趋于一致。

一般来说，实现金融市场一体化有两条主要路径，二者之间彼此促进，相互伴随。（1）金融活动一体化。指国际金融领域中的各种壁垒及障碍需要尽可能消除，在业务活动中各种交易工具、交易市场、交易规则、资金价格、结算汇兑、货币种类等趋于一致或具有较大的趋同性，主要表现在金融市场、机构、工具乃至货币的一体化上。（2）金融制度一体化。指通过契约法律条文和一定的组织形式将金融活动一体化固定下来，形成多个必须遵守的制度。这是较高级的层次，带有一定的主观性。这一进程要曲折和复杂得多，会涉及国家利益的放弃、政治经济主权的削弱与让渡，因此主权国家对此都极为慎重。

5. 答：目前比较常见的衡量金融一体化的方法有四种：抛补利率平价、非抛补利率平价、实际利率平价以及储蓄与投资模型。

（1）抛补利率平价。在完全理想的条件下，如果在两个国家同一种金融工具或两种相似的金融工具的预期收益不同，储蓄者会将资金从一个国家转移到另一个国家。只有预期收益率相等时，这种转移才会停止，市场达到均衡。也就是说，在国际金融市场上应该存在一个利率平价，在利率平价下，各国的利率相同，确保资金不发生流动。抛补利率平价就是根据这一思想推导出来的。简单地讲，抛补利率平价是指：国内金融资产的利率与国外金融资产的利率之差应该等于两国远期汇率的升水或贴水。用公式表示为 $R-R^*=(F-S)/S$。

（2）非抛补利率平价。这是一个比抛补利率平价更加宽泛的定义。非抛补利率平价说明，其他所有特征都相同的两国金融工具的利率差异，应该等于两国货币即期汇率的预期变动率。其一般表达式为$R-R^{*}=(S_{+1}^{e}-S)/S$。相对于抛补利率平价，非抛补利率平价不仅要求国家风险溢价为零，还要求汇率风险溢价为零。

（3）实际利率平价。它是根据费雪方程式、相对购买力平价和非抛补利率平价推导出来的。根据相对购买力平价，可以得到$\pi^{e}-\pi^{*e}=(S_{+1}^{e}-S)/S$。结合非抛补利率平价，可以推导出$\pi^{e}-\pi^{*e}=R-R^{*}$。调整后得到$R-\pi^{e}=R^{*}-\pi^{*e}$。根据费雪方程式，实际利率$r=R-\pi^{e}$，于是得到$r=r^{*}$。这个等式就是实际利率平价条件。它表示在均衡状态下，两国的金融工具在其他特征都一样的情况下，剔除了通货膨胀因素的实际利率水平是相等的。

（4）储蓄与投资模型。储蓄与投资模型是一种数量型评价方法，由哈佛大学的经济学家马丁·费尔德斯坦和查尔斯·霍里奥卡于1980年提出。他们认为经常账户余额就等于国民储蓄减去国内投资。金融市场完全一体化，经常账户的赤字（盈余）就会被资本账户的流入（流出）所平衡，个人和企业可以在全球范围内寻找投资所需的资金，这样一国的储蓄决策将独立于投资，储蓄和投资就变得不相关。通过检验国家间储蓄和投资的相关性，可以判断金融市场一体化的程度。

费尔德斯坦和霍里奥卡的储蓄与投资模型所指的一体化标准较为严格，而且模型是建立在一系列严格的假设条件基础之上，在现实中难以完全满足。因此，运用储蓄投资相关性来衡量金融市场一体化，仍然存在较大争议。

6. 答：机构投资者是国际金融市场上最重要的投资主体，他们的投资行为对国际金融市场的走势影响重大。在国际金融市场上活跃的机构投资者主要有商业银行、证券公司、保险公司、养老基金和投资基金等。

（1）商业银行。作为机构投资者在国际金融市场上的投资，主要表现为对有价证券的投资。在采取德国式的全能银行体制的国家，银行的证券投资可以包括企业的普通股股票。日本允许银行拥有股权性投资资产，但在分业经营、分业管理的体制下，商业银行不得投资于股票，只能持有法律许可的一些固定收益债券。银行的证券投资是银行资产管理的重要部分。通过证券投资，银行既可以满足不可预见的流动性需要，又能获得较高的投资收入，从而起到了银行资产负债管理“缓冲区”的作用。

（2）证券公司。它是国际金融市场上重要的机构投资者，它广泛投资于证券市场上的多种金融工具。作为一个机构投资者，证券公司的资金主要来自自有资金和资产管理业务。在成熟国家，自有资金在证券公司投资中所占的比重一般很小，大部分资金均来自受托管理的资产，即证券公司的资产管理业务。证券公司的资产管理是指证券公司作为受托投资管理人，根据有关法律、法规和投资委托人的投资意愿，与委托人签订受托投资管理合同，用委托人委托的资产在证券市场上从事股票、债券等金融工具的组合投资，以实现委托资产收益最优化的行为。通过资产管理业务，证券公司把分散于个人投资者的资金集中起来，按照事先约定的规则或自己的意愿进行投资。资产管理使得证券公司成为国际金融市场上重要的机构投资者。

（3）保险公司。投资是保险行业的核心业务，如果没有保险投资，保险公司的经营很难维持下去。从保险公司的利润来源来看，由于保险公司之间在承保业务上的过度竞争，使得保险公司的承保利润日益下滑，甚至出现承保亏损，保险投资正在成为保险公司经营的生命线。保险公司对投资的重视使其逐渐成为国际金融市场上重要的机构投资者。

(4) 养老基金。从国际经验来看，各国近年来纷纷放松对养老基金投资组合的限制，养老基金国外证券投资的比重有增大的趋势。

(5) 投资基金。通过发行基金证券，集中具有共同目的的不特定多数投资者的资金，委托专业的金融投资机构进行管理和运用，在分散投资风险的同时满足投资者对资产保值增值的要求。它是一种投资者通过购买基金进行投资的间接方式，投资对象包括各类有价证券、金融衍生品及房地产、贵金属等。在投资基金的发展中，对冲基金引人关注。对冲基金是私人投资库，通常定居于离岸金融中心，以便利用税收和监管上的优越条件。

7. 答：人民币跨境支付系统是我国重要的金融基础设施。随着人民币国际化进程的不断推进，人民币的使用范围不断扩大，有必要在国际范围内建立起配套的金融基础设施以满足日益增长的人民币跨境业务需求。人民币跨境支付系统可以提供人民币业务的跨境清算和结算，实现国内支付和国际支付的统筹。人民币跨境支付系统的建立提升了人民币的跨境支付效率，完善了人民币全球清算服务体系，对于提升人民币的国际地位、促进人民币的国际化具有重要意义。

8. 答：美国存托凭证（ADRs）是美国商业银行为协助外国证券在美国交易而发行的一种可转让证书，由于它具有与美国上市公司股票同等的流动性，因此美国投资者可以通过证券交易所直接买卖 ADRs。

1993 年上海轮胎橡胶二纺机 B 股的 ADRs 是我国企业首次尝试以 ADRs 方式进入美国市场；2003 年中国人寿 ADRs 融资总额高达 35 亿美元，为当年世界上最大的上市项目。

评价言之有理即可，可参考以下要点：ADRs 是我国企业在境外筹措资金的重要途径。首先，ADRs 市场容量大、筹资能力强，在美国发行 ADRs 的公司能在短期内筹集到大量外汇资金，有利于拓宽公司的股东基础，提高其长期筹资能力，提高证券的流动性并分散风险；其次，发行一级 ADRs 的手续简单、发行成本低，对股份公司而言，采用一级 ADRs 和 144A 规则发行的一级 ADRs 无须到美国证券交易委员会登记注册，不受发行地严格的上市要求的限制，也无须按美国通用会计准则要求进行审计；最后，我国企业可以通过发行 ADRs 提高公司知名度，为日后在国外上市奠定基础。

六、分析讨论题

答：金融市场一体化消除了跨境投资的壁垒，使得国际组合投资成为可能。然而，国际组合投资的风险分散效应的前提是各国金融资产价格之间的相关性比较低。但是，金融市场的一体化会逐渐加大各国金融市场之间的相关性，使得各国证券资产的相关性逐渐加大。而如果某类资产和投资组合中一类资产高度正相关，那么在投资组合中加入该类资产所带来的风险分散化的效应就非常弱。因此，金融市场一体化程度的不断加深将大大减少国际组合投资的分散化收益，给国际组合投资带来挑战。实证研究的结论也证明美国市场与其他市场之间的相关性在不断提高。因此，国际投资中的系统性风险会随着金融一体化的进程而上升，这种现象不应忽视。

第六章 外汇风险管理

第一部分　背景资料

一、学习准备

中信泰富是大型国企中信集团在香港的6家上市公司之一。该公司在澳大利亚有一个名为SINO-IRON的铁矿项目，该项目是澳大利亚西部最大的磁铁矿项目。这个项目总投资约42亿美元，很多设备和投入都必须以澳元来支付。中信泰富从2008年至2010年对澳元的需求都很大。整个投资项目的资本开支，除当时的16亿澳元之外，在项目进行的25年期内，还将在全面营运的每年度投入至少10亿澳元。为了降低项目面对的货币风险，公司签订了若干杠杆式外汇买卖合约。

2008年10月20日，中信泰富（00267）发布公告称，公司为降低该铁矿项目面对的货币风险，签订若干杠杆式外汇买卖合约而引致亏损，实际已亏损8.07亿港元。至10月17日，仍在生效的杠杆式外汇合约按公平价定值的亏损为147亿港元。换言之，相关外汇合约导致已变现及未变现亏损总额为155.07亿港元。

中信泰富投资的杠杆外汇合约被称为累计目标可赎回远期合约，英文原名是accumulated target knock-out forward contracts。这种产品的原理可近似看作中信泰富向对手方购买一个澳元兑美元的看涨期权以及卖出两个看跌期权，行权价格都是0.87美元/澳元。当澳元汇率高于0.87美元/澳元时，中信泰富以低于市场价的0.87美元/澳元每天买入1个单位外汇而获利，但当汇率下降到0.87美元/澳元以下时，则中信泰富必须每天以0.87

美元/澳元的高价买入 2 个单位外汇。

在合约开始执行的 2008 年 7 月初，澳元兑美元价格持续稳定在 0.90 美元/澳元以上，澳元一度还被外界认为可能冲击到“平价美元”的地位。这样的一个合约似乎看上去是个好买卖。但是到了 8 月上旬，国际金融市场风云突变，澳元兑美元接连走低，特别是 10 月初澳元出现暴跌，巨亏就此酿成。

经营国际贸易的公司，除了需要面临国内企业所面临的风险以外，还面临着由于汇率波动带来的外汇风险。从上述案例中我们不难看出，外汇风险管理不但十分有必要，而且要掌握科学的方法。

二、学习目的和要求

本章主要就外汇风险管理进行说明，核心问题是外汇风险及如何进行外汇风险管理。具体地说，本章需要理解和掌握以下知识点：

(1) 外汇风险的含义；

(2) 外汇风险的种类及其成因；

(3) 常用的外汇风险管理方法。

三、知识准备

1. 外汇和汇率基础知识。
2. 金融风险和风险管理知识。

四、学习拓展

● 案例探讨

■ 日元升值周期下跨国企业的外汇风险管理

■ 纯粹国内企业与外汇风险的关系

■ 中信泰富在澳元合约投资过程中遭受巨额亏损

● 相关网站

■ 和讯网 http://www.hexun.com/

■ 中国银行网站 http://www.boc.cn/

■ 国家外汇管理局网站 http://www.safe.gov.cn/

第二部分 练习题

一、本章要义

练习说明：请结合学习情况在以下段落空白处填充适当的文字，使上下文合乎逻辑。

企业的跨国经营涉及两个以上的主权国家，涉及资金在不同国家之间的流动，因此，需要将一种货币兑换成另一种货币，才能实现国际贸易、跨国投资和融资、红利分配等。在越来越多的国家选择浮动汇率制度的情况下，汇率的波动给跨国公司的国际经营带来了风险，外汇风险成为跨国公司必须面对的经营风险。

外汇风险又称（1）________，是指在不同货币的相互兑换或折算中，因汇率在一定时间内发生始料未及的变动，致使有关国家金融主体实际收益与（2）________或实际成本与预期成本发生背离从而蒙受经济损失的可能性。风险头寸、（3）________、成交与资金清算之间的时间间隔、（4）________等共同构成外汇风险因素。根据外汇风险作用对象、表现形式的不同，外汇风险可以划分为外汇交易风险、（5）________和（6）________。

外汇风险管理的目标是充分利用有效信息，力争减少汇率波动带来的现金流量的不确定性，控制或者消除业务活动中可能面临的由汇率波动带来的不利影响。为了实现这一目标，在外汇风险管理中应该遵循一些共同的指导思想和原则——全面重视原则、（7）________原则和（8）________原则。外汇风险管理的关键程序包括：（9）________、（10）________、风险管理方法选择、风险管理实施、监督与调整。外汇风险管理的主要手段分为三类：（11）________、（12）________、（13）________。企业需要根据自身的业务规模、金融市场发达程度及管理需求制定适当的外汇风险管理策略，并选择正确的管理手段。

二、重要概念释义选择

练习说明：请从文字框中为下列国际金融术语选择匹配的定义或描述，将对应的字母编号填入空格处。个别术语有可能对应不止一个描述；如果需要，任意描述可以使用多次。

1. 外汇风险________
2. 外汇折算风险________
3. 外汇交易风险________
4. 经济风险________
5. 外汇风险因素________
6. 外汇风险控制________

7. 风险融资________

A. 企业或个人在交割、清算对外债权债务时因汇率变动而导致经济损失的可能性。 B. 风险头寸、两种以上的货币兑换、成交与资金清算之间的时间、汇率波动等因素。 C. 在不同货币的相互兑换或折算中，因汇率在一定时间内发生始料未及的变动，致使有关国家金融主体实际收益与预期收益或实际成本与预期成本发生背离从而蒙受经济损失的可能性。 D. 跨国公司财务报表合并时因汇率变动造成的会计账面损益。 E. 由于外汇汇率变动使企业在将来特定时期的收益发生变化的可能性，即企业未来现金流量折现值的损失程度。 F. 获取资金、用来支付或抵偿外汇风险损失的各种手段。 G. 通过降低风险损失概率以及风险损失程度（规模）来减少风险成本的各种行为。

三、判断对错

练习说明：判断下列表述是否正确，并在对（T）或错（F）上画圈。

T F 1. 只有当汇率波动导致经济主体的实际收益小于预期收益时，才发生了外汇风险。

T F 2. 外汇风险是指外币资产负债、外币收入支出的本币价值（不是外币价值）发生变动的风险。

T F 3. 即使经济主体在对外贸易、金融等经济活动中发生了外币与本币的折算，但只要其兑换比率及汇率没有发生变动，就不会面临外汇风险。

T F 4. 外汇风险是企业或个人持有的所有外币资产和负债都要承担的风险。

T F 5. 交易风险和折算风险是汇率变动对过去的、已经发生了的、以外币计价的交易的影响，而经济风险则是要衡量将来某一段时间内出现的外汇风险。

T F 6. 折算风险造成的损失是不真实的，只是存在于账面之上。

T F 7. 外汇风险管理本质上是为了消除风险。

T F 8. 套期保值不是一种融资方式，所以不属于风险融资手段。

T F 9. 货币期权既能使企业摆脱不利的汇率波动，又能使企业从有利的汇率波动中受益。

T F 10. 调整计价货币实质上是将外汇风险转移给了交易对手。

四、不定项选择

练习说明：以下各题备选答案中有一个或一个以上是正确的，请将正确答案的字母编号填入括号内。

1. 下列关于外汇风险头寸的说法正确的是：（　　）。

A. 外汇风险头寸是承担外汇风险的外币资金

B. 外汇风险头寸是企业或个人持有的外币资产或负债

C. 外汇风险头寸是企业外币资产与外币负债不相匹配的部分

D. 在外汇买卖中，风险头寸表现为外汇持有额中“超买”或者“超卖”的部分

2. 外汇风险的构成因素有：（　　）。

A. 风险头寸　　B. 两种以上的货币兑换

C. 成交与资金清算之间的时间　　D. 汇率波动

3. 根据外汇风险的作用对象、表现形式，外汇风险可以划分为：（　　）。

A. 外汇交易风险　　B. 外汇折算风险

C. 经济风险　　D. 汇率风险

4. 外汇风险管理原则主要包括：（　　）。

A. 全面重视原则　　B. 管理多样化原则

C. 收益最大化原则　　D. 经济成本原则

5. 以下不属于外汇风险管理核心程序的是：（　　）。

A. 风险识别　　B. 风险衡量

C. 风险管理方法选择　　D. 风险预测

6. 外汇风险管理手段从总体上可以分为：（　　）。

A. 外汇风险控制手段　　B. 外汇风险消除手段

C. 外汇风险融资手段　　D. 内部外汇风险抑制手段

7. 下列关于风险控制手段说法正确的是：（　　）。

A. 风险控制手段既可以通过降低风险损失概率，也可以通过降低风险损失程度来减少风险成本

B. 企业主动减少涉外经济活动是一种风险控制手段

C. 企业对外汇风险头寸进行套期保值是典型的风险控制手段

D. 企业可以通过建立外汇风险防范基金来降低风险损失程度

8. 根据风险补偿的资金来源，外汇风险管理中的风险融资手段可以分为：（　　）。

A. 自留　　B. 购买保险

C. 期货合约　　D. 远期合约

9. 以下关于风险融资手段的说法不正确的是：（　　）。

A. 风险融资的本质是通过获取资金来支付或抵偿外汇风险损失

B. 套期保值只是实现了企业与对手之间外汇风险的分摊，所以它不属于风险融资手段

C. 风险融资也称损失融资

D. 有的公司虽然没有自有资金计划，但也可以用自己的资本金弥补经营中的外汇风险损失，这也属于风险融资

10. 套期保值是企业最常用的交易风险管理手段，决定企业是否进行套期保值的因素主要有：（　　）。

A. 企业管理层的风险偏好　　B. 企业管理层的收益预期

C. 汇率预测　　D. 套期保值的成本收益对比

11. 以下期货合约套期保值的做法正确的是：（　　）。

A. 当企业未来有应付外币账款时，买入期货合约

B. 当企业未来有应收外币账款时，买入期货合约
C. 当企业未来有应付外币账款时，卖出期货合约
D. 当企业未来有应收外币账款时，卖出期货合约

12. 企业在运用货币期权套期保值时，正确的做法是：（　　）。
A. 当企业有应付外币账款时，买入看涨期权
B. 当企业有应收外币账款时，买入看涨期权
C. 当企业有应付外币账款时，买入看跌期权
D. 当企业有应收外币账款时，买入看跌期权

13. 假设一家中国企业将在未来 3 个月后收到美元货款，企业担心 3 个月后美元贬值，该企业为实现套期保值的目的可以采取的手段有：（　　）。
A. 出售远期合约　　B. 买入期货合约
C. 买入看跌期权　　D. 买入看涨期权

14. 外汇风险管理中常见的价格策略有：（　　）。
A. 调整销售价格　　B. 调整外汇汇率
C. 调整计价货币　　D. 转移定价

15. 以下关于套期保值的说法正确的是：（　　）。
A. 套期保值可以将外汇风险完全规避掉
B. 任何套期保值工具都不能使企业享受汇率有利变动带来的收益
C. 套期保值的主要工具是衍生金融工具
D. 套期保值实际上是在企业与交易对手之间实现了外汇风险的分摊

五、问答题

练习说明：请根据学习内容回答下列问题，计算题应给出过程和答案。

1. 什么是外汇风险？外汇风险可以分为哪几种类型？
2. 外汇风险管理应该遵循哪些原则？
3. 叙述外汇风险管理的核心程序以及每道程序的具体内容。
4. 如果企业希望对外汇风险进行控制，它们可以从哪些方面努力？
5. 企业有哪些可以选择的外汇风险融资手段？

六、分析讨论题

1. 套期保值是企业在管理外汇交易风险时最常用的手段，企业可以选择哪些衍生金融工具来套期保值？它们是如何操作的？

2. 在当前中国金融市场不发达的情况下，出口企业从价格策略上可以选择哪些方法来管理外汇风险？它们的弊端是什么？

第三部分　参考答案

一、本章要义

（1）汇率风险
（2）预期收益
（3）两种以上的货币兑换
（4）汇率波动
（5）外汇折算风险
（6）经济风险
（7）管理多样化
（8）收益最大化
（9）风险识别
（10）风险衡量
（11）外汇风险控制
（12）外汇风险融资
（13）内部外汇风险抑制

二、重要概念释义选择

1. C
2. D
3. A
4. E
5. B
6. G
7. F

三、判断对错

FTTFT　TFFTT

四、不定项选择

1. ACD
2. ABCD
3. ABC
4. ABC
5. D
6. ACD
7. AB
8. ABCD
9. B
10. AC
11. AD
12. AD
13. AC
14. ACD
15. CD

五、问答题

1. 答：外汇风险，又称汇率风险，是指在不同货币的相互兑换或折算中，因汇率在一定时间内发生始料未及的变动，致使有关国家金融主体实际收益与预期收益或实际成本与预期成本发生背离从而蒙受经济损失的可能性。

外汇风险可以分为外汇交易风险、外汇折算风险和经济风险。(1) 外汇交易风险，是指企业或个人在交割、清算对外债权债务时因汇率变动而导致经济损失的可能性。这些债权、债务在汇率变动前已经发生，但在汇率变动后才清算。交易风险是一种常见的外汇风险，存在于应收款项和所有货币负债项目中。(2) 外汇折算风险也称评价风险，它是汇率波动造成的会计账面损益的可能性。涉外企业在进行会计处理以及进行外币债权、债务决算的时候，经常会碰到如何以本国货币评价这些对外经济活动的价值和效益问题。比如在办理财务决算时，由于汇率一直处于变化之中，经济活动发生日与财务决算日的汇率已经不一样，选用不同时点的汇率评价外币债权债务，往往会产生差异很大的账面损益。折算风险是涉外企业最明显的一种外汇风险。(3) 经济风险，指由于外汇汇率变动使企业在将来特定时期的收益发生变化的可能性，即企业未来现金流量折现值的损失程度。收益变化幅度的大小，主要取决于汇率变动对企业产品数量、价格成本可能产生影响的程度。

2. 答：外汇风险管理的目标是充分利用有效信息，力争减少汇率波动带来的现金流量的不确定性，控制或者消除业务活动中可能面临的由汇率波动带来的不利影响。为了实现这一目标，在外汇风险管理中应该遵循以下原则：

(1) 全面重视原则。要求发生涉外经济业务的政府部门、企业或个人对自身经济活动中的外汇风险高度重视。外汇风险有不同的种类，有的企业只有交易风险，有的还有经济风险和折算风险。不同的风险对企业的影响有差异，有的是有利的影响，有的是不利的影响。因此，涉外企业和跨国公司需要对外汇买卖、国际结算、会计折算、企业未来资金运营、国际筹资成本及跨国投资收益等项目下的外汇风险保持清醒的头脑，做到胸有成竹，避免顾此失彼，造成重大损失。

(2) 管理多样化原则。要求涉外企业或跨国公司灵活多样地进行外汇风险管理。企业的经营范围、经营特点、管理风格各不相同，涉及的外币的波动性、外币净头寸、外币之间的相关性、外汇风险的大小都不一样，因此每个企业都应该具体情况具体分析，寻找最适合于自身风险状况和管理需要的外汇风险战术及具体的管理方法。随着时间的推移，外部约束因素会不断变化，因此企业的外汇风险管理战略也需要相应地更改，企业不能抱残守缺，长期只采用一种外汇风险管理方法。

(3) 收益最大化原则。要求涉外企业或跨国公司精确核算外汇风险管理的成本和收益。在确保实现风险管理预期目标的前提下，支出最小的成本，追求最大化的收益。这是企业进行外汇风险管理的基石和出发点，也是企业确定具体的风险管理战术、选择外汇风险管理方法的准绳。外汇风险管理本质上是一种风险的转移或分摊，例如，采用远期外汇交易、期权、互换、期货等金融工具进行套期保值，都要支付一定的成本，以此为代价来固定未来的收益或支出，使企业的现金流量免受汇率波动的侵扰。一般地，外汇风险管理支付的成本越小，进行风险管理后得到的收益越大，企业对其外汇风险进行管理的积极性就越高，反之亦然。

3. 答：外汇风险管理的核心程序包括：风险识别、风险衡量、风险管理方法选择、风险管理实施、监督与调整。

(1) 风险识别，即识别各种可能减少企业价值的外汇风险。外汇风险包括交易风险、经济风险和折算风险，不同的企业面临着不同种类的风险，企业必须根据自己的业务活动判别可能面临的风险状况，以便对症下药。例如，在对交易风险的识别中，多采用外汇头寸分析方法，企业根据自己的交易活动，测算出公司的现金流入量和现金流出量，以此得出净头寸，进而识别公司拥有外汇风险的现金流量、币种、业务。

（2）风险衡量，即衡量外汇风险带来潜在损失的概率和损失程度。识别出公司可能面临的各类外汇风险种类后，需要对所涉及的不同外币未来的汇率波动进行预测。前面已经介绍了汇率预测，以及计量和评价外汇风险的基本方法。由于外汇风险对企业的影响是双向的，有利有弊，最重要的是要发现外汇风险造成企业损失的概率，以及将各类风险综合后企业价值可能损失的范围和程度。通过外汇风险衡量，企业可以比较准确地知道外汇风险带来损失的概率和损失程度，从而为企业下一步选择风险管理方法奠定基础。

（3）风险管理方法选择，即选择适当的风险管理方法，最有效地实现企业预定的外汇风险管理目标。进入牙买加货币体系后，外汇风险有日益扩大的趋势，许多跨国公司深受其害，于是产生了强烈的外汇风险管理需求。一系列金融创新因此应运而生，出现了种类繁多的外汇风险管理方法。每一种方法都有自身的优势和劣势，需要企业根据自己所处的风险状况进行甄别和筛选。不同的外汇风险管理战略在一定程度上决定了不同的风险管理方法。

（4）风险管理实施，即通过具体的安排，落实所选定的外汇风险管理方法。企业需要进行内部的业务调整、资金调整、币种调整，以及在外部寻找合作伙伴、交易对手、签订外汇交易合同等，具体实施风险转移和控制。

（5）监督与调整，即对外汇风险管理方法实施后的效果进行监督与评估，每种方法都有评估的依据，如根据成本收益准则做出判断，选择收益最大化的方法。另外，外汇市场时时风云变幻，没有哪种方法可以拿来便一劳永逸。企业必须持续地对企业风险管理方法和风险管理战略的实施情况和适用性进行监督，根据市场和自身的情况，对自己的战略战术进行监控管理，适时做出调整。

4. 答：外汇风险控制是指通过降低风险损失概率以及风险损失程度（规模）来减少风险成本的各种行为。外汇风险控制通常可以从两个方面做出努力：

（1）减少外汇风险业务。涉外企业或跨国公司可以通过减少风险业务数量来降低风险。例如，减少使用外币种类，或者根本不持有任何外币净头寸。对风险行为的数量加以控制，主要是为了降低风险发生的概率。最极端的情况是将风险行为减到零，也就是企业不从事任何与外币沾边的活动，或者无论进出口、投融资活动都要求使用本币计价结算，这种极端的方法称为风险回避。这种做法的最大缺陷在于，更多地考虑和回避了风险业务的损失，却因此丧失了风险业务可能带来的收益。而且在经济开放条件下，即使根本不与货币兑换或折算打交道，也无法彻底规避汇率变动产生的经济风险的影响。

（2）提高外汇风险预防能力。企业根据市场需要和业务发展计划开拓海外业务，不必害怕风险业务所潜藏的风险，而是应当提高这些业务的风险预防能力，提高外汇风险业务的安全性，从而降低风险的损失概率和损失程度。具体讲，就是要增强企业外汇风险防范与管理的能力，提高汇率预测的准确度及风险管理办法的有效性。

5. 答：风险融资也称为损失融资，是指获取资金、用来支付或抵偿外汇风险损失的各种手段。根据风险补偿的资金来源，风险融资方法可以分为三种：自留、购买保险和套期保值。这些方法并不是完全相互独立的，企业根据风险补偿的实际需要，经常将它们结合在一起使用。

（1）自留，是指企业自己承担部分或全部的外汇风险损失。自留往往被称为自我保险。许多大型跨国公司在其财务与资金管理中，都有一个正式的损失融资计划。例如，有的公司建立外汇风险防范基金，有的公司每年按照销售额或者外汇风险 VAR 的一定比例提取外汇风险准备金。另外，一些大公司可以成立自己的专业保险公司，以确保公司在面临较大损失时能顺利渡过难关。

在自留融资方法下，企业可以用内部资源和外部资源来弥补损失。内部资源包括：正常生产活动的现金流，自由运营资金，专门为风险融资而进行的流动资产投资，以及通过变卖其他资产获取的资金。外部资源包括：对外借债以及发行新股，但在遭受了重大损失后，外部资源的筹资成本通常比较高。利用外部资源弥补风险损失，最终仍然是企业用自己的利润进行了风险补偿，因此也属于自留范畴。例如，在借债弥补风险损失的情况下，企业未来必须用经营所得偿还债务；在发行新股的情况下，企业则必须把未来的利润分配给新股东。

（2）购买保险。通过购买保险，企业可以把外汇风险损失转嫁给保险公司。国际上有许多保险公司提供与外汇风险有关的保险险种，例如种类繁多的汇率波动险和利率波动险等。购买相关的保险，对涉外企业而言是一种省时省力的好办法。但是，在我国和许多发展中国家，保险市场不发达，还没有开发出分担企业外汇风险的相关险种，因此还无法大量通过购买保险的方法来弥补企业的外汇风险损失。

（3）套期保值。外汇衍生产品能够在一定程度上消除汇率的不确定性，企业只承担约定汇率与当前即期汇率之间的价差风险，而由交易对手方承担约定汇率与未来即期汇率之间的价差风险，从而在企业与套期保值对手之间实现了外汇风险的分摊。

六、分析讨论题

1. 答：决定企业是否进行套期保值的因素主要有两个：一是企业管理层的风险偏好，比较保守的公司倾向于更多的套期保值。二是汇率预测，如果汇率预测显示企业将受到汇率波动的不利影响，企业就会乐意进行套期保值；相反，如果汇率波动带来的将是好处，企业就不会进行套期保值。

套期保值主要是通过衍生金融工具来实现的，目前国际金融市场上可以供企业用来套期保值的衍生工具主要有：远期合约、期货合约、期权合约等。

（1）远期合约套期保值。远期合约是国际上流行的一种借助金融市场来防范外汇风险的方法。远期合约中的汇率是一种协定汇率，它既不同于签订合同时的市场现汇汇率，也不同于将来交割时的实际汇率。通过远期外汇交易，经济主体可以先把汇率锁定，避免到期偿付的债权债务因汇率变动或币值变动造成风险损失。尤其在国际贸易中，这种策略为进出口商所广泛使用，进出口商在国际贸易中为了避免汇率变动的损失，一般都同银行进行远期外汇交易，即进口商从银行买进与支付期限相同的远期外汇，以避免货币升值带来损失；这种策略适用于那些将来收付的外汇金额、收付期限、交割日等都已确定的情形。

（2）期货合约套期保值。所谓外汇期货套期保值，是指人们通过外汇期货交易，将汇率锁定于某一既定的水平，从而将汇率变动所造成的风险转移出去的行为。具体地说，当人们因对外交往而发生或即将发生外汇的收付或兑换时，为防范外汇汇率的升降所造成的损失，就在外汇期货市场建立一种与外汇现货市场相反的头寸，并于外汇期货合约到期前将此头寸冲销。因此，若汇率发生变动，交易者即可以其中一个市场的盈利抵补另一个市场的损失，从而达到保值之目的。例如，未来有应付外币账款的企业，可以买入期货合约进行套期保值；而未来有应收外币账款的企业，可以出售期货合约进行套期保值。通过持有期货合约，企业锁定了应收或应付账款的本币金额。

（3）货币期权套期保值。理想的外汇风险管理，应该既能使企业摆脱不利的汇率波动，又能使企业从有利的汇率波动中受益。货币期权就是能够满足这种需要的常用工具。期权合约是买卖双方就外汇交易达成的一个契约，期权的买方可在合约有效期内（美式期权），或在规定的合约到期日（欧式期权）按合约规定的汇率（即合约交割价）向合约的卖方购买或出售约定数额的货币，期权的买方也可以根据市场汇率的实际情况放弃买或卖的权利，让合约自动失效。根据期权合约的特性，企业可以通过买入看涨期权为应付账款套期保值：当有效期满外币升值时，可以行使期权合约，按约定价格买入外汇；否则就放弃这一权利，按当时的即期汇率买入外汇。同理，企业可以通过买入看跌期权为应收账款套期保值。

2. 答：在金融市场不发达的情况下，企业可能很难通过衍生金融工具来实现套期保值从而管理外汇风险，在这种情况下，企业可以直接将保值措施融入日常的业务活动，特别是直接体现于商品销售的定价政策中。运用定价政策管理外汇风险的效果，取决于企业对长期汇率趋势的预测准确性，以及商品市场对销售价格变化的接受程度。常见的价格策略有三种：调整销售价格、调整计价货币和转移定价。

（1）调整销售价格。货币贬值国企业可以通过经常调整产品销售价格的方式降低外汇风险。当然，提高销售价格可能相当困难。因为价格的提高可能伴以销售量的下降，可能使该子公司产品在当地市场暂时失去竞争力。一般来说，企业对销售价格的调整不可能与汇率变动保持同一幅度和同一频率。通常的做法是，交易双方经过协商，为了达成商品与服务的交易，各自分担一部分外汇交易风险，以避免其中一方承担过多的风险。这种方法被称为外汇风险分担法。交易各方通常在合同中订立“价格调整条款”，通过调整基本价格来反映汇率的变动。双方在合同中确定了一个汇率波动区间，作为双方不分担风险的“中立区”。一旦汇率波动超出了这个“中立区”，双方将调整价格，共同分担外汇交易风险。

（2）调整计价货币。企业还可以通过调整计价货币来降低交易风险。如果预计计价货币将长期贬值，企业不应该通过调整销售价格来避险，而是彻底改变计价货币本身。为了在企业经营、会计处理和营销决策等方面保持一致，企业不应该经常更换计价货币。因此，只有当财务人员预测某种货币将长期贬值时，企业才可能采用这一战略。①本币计价法。即在任何对外经济交易中，只接受以本企业所在国货币计价，将外汇风险完全转嫁到对方头上。②选择币值趋硬的货币作为出口交易的计价货币，选择币值趋软的货币作为进口交易的计价货币。这种风险转移方式损人利己的动机更为明显。由于进口商和出口商都想将风险完全转嫁给对方，他们选择计价货币的标准恰恰相反。因此，双方的利益冲突使这种避险方法在国际业务中更难运用。③进出口货值一半用硬货币、一半用软货币计价。

这种方法考虑了交易双方的利益，也中和了汇率的波动，容易被各方主体接受，是一种简便的规避外汇交易风险的方法。

（3）转移定价。转移定价是为了在公司内部转移收入而提高或降低内部销售价格。转移定价与其说是一种保值战略，倒不如说是一种现金管理工具。跨国公司通过转移定价在将资金从受限制的国家转出时，希望达到两个主要目标：第一，将收入从软货币国家转移到硬货币国家；第二，将税前收入从高税率国家转移到低税率国家。转移定价政策需要对公司内部的资金流动进行细致的、集中的管理。它特别适用于拥有大量公司内部交易的企业。但是，应该特别注意的是，各国外汇管理当局和税收管理当局对这类活动非常敏感，往往采取各种措施加以制止。因此，企业的转移定价政策不能随汇率波动而频繁调整，应该具有连贯性。

第七章 国际直接投资

第一部分 背景资料

一、学习准备

2011年9月1日，中国铌业投资控股有限公司收购巴西矿冶公司（CBMM）15%股权的交易完成交割，收购价格为19.5亿美元。中国铌业投资控股有限公司是由太钢集团、中信集团与宝钢集团等共同出资为此次收购设立的公司。巴西矿冶公司是铌产品生产商，拥有50多年的成功运营历史，是铌应用和相关技术的开发先驱，也是世界上唯一一家可以生产全系列铌产品的企业。据悉，巴西矿冶公司铌产量约占世界总产量的85%，市场处于绝对垄断地位。铌是一种主要战略性稀缺资源，是不锈钢等高级别钢不可缺少的元素。随着中国、印度等新兴经济体的快速发展，全球铌需求量每年以10%的速度递增。业内人士称，近4年，中国对铌的进口量增长了近一倍。预计未来，国内乃至全球对铌的需求将进一步增长。中国铌业投资控股有限公司为什么要收购巴西矿冶公司？在巴西的直接投资将面临怎样的风险？公司是如何分析和规避这样的风险的？本章将从国际直接投资的基本概念、基本原理出发，回答上述问题。

二、学习目的和要求

本章的主体是阐述国际直接投资的知识，核心问题是国际直接投资的方式、经济利益、跨国直接投资项目的资本预算以及国家风险的评估和管理。具体地说，需要理解和掌握如下一些知识点：

（1）国际直接投资不同方式的利弊；

（2）从优化资源配置和分散风险角度理解跨国公司直接投资的经济利益；

（3）跨国公司母子公司资本预算差异的原因；

（4）学习编制和分析跨国公司母公司的资本预算；

（5）国家风险的概念、成因、评估和管理。

三、知识准备

投资学以及财务管理的相关知识。

四、学习拓展

● **案例探讨**

■ 海尔集团的海外投资

海尔一直坚持其国际化发展战略及全球化品牌发展战略，在世界各地投资设厂，较有里程碑意义的事件有：1999 年，海尔在美国南卡罗来纳州建立了美国海尔工业园，2000 年正式投产，并通过高质量和个性化设计逐渐打开市场；这意味着第一个“三位一体”本土化的海外海尔的成立，即设计中心在洛杉矶，营销中心在纽约，生产中心在南卡罗来纳州。2001 年，海尔集团并购了意大利迈尼盖蒂冰箱工厂，加之海尔在法国里昂和荷兰阿姆斯特丹的设计中心，在意大利米兰的营销中心，海尔在欧洲实现了“三位一体”的本土化经营。2005 年，海尔在约旦建立了中东非区域的第一个工业园，使其产品得以迅速进入周边的阿拉伯国家。2007 年海尔成功收购了印度一家冰箱工厂，标志着海尔在印度市场“三位一体”的本土化战略格局基本形成。

直至 2011 年，海尔的海外扩张计划一直在继续。2011 年 10 月，海尔集团和日本三洋电机株式会社正式签署收购协议，正式收购三洋电机在日本的洗衣机和家用冰箱业务及其在印度尼西亚等东南亚 4 国的洗衣机、家用冰箱和其他家用电器销售业务等 9 家子公司。

海外投资，传递着张瑞敏持续地“走出去”和加速海尔集团战略转型的信息，国际直接投资使海尔得以扩大市场范围和产品销量、获得比较利益及超额利润、利用海外资源、突破贸易壁垒并降低经营风险。

■ 雀巢收购徐福记

2011 年 7 月 11 日，雀巢集团宣布，已与徐福记签署合作协议，拟出资 21 亿新加坡元（约 17 亿美元）收购徐福记 60%的股份。根据协议，雀巢采用协议安排的方式，以每股 4.35 新加坡元收购徐福记 43.52%的公众股，并从徐氏家族所持股权中收购 16.48%的股份，最终雀巢集团和徐氏家族分别持有徐福记 60%和 40%的股权。12 月 7 日，徐福记公告称，中国商务部已于 12 月 6 日批准雀巢以 17 亿美元收购其 60%股权的交易，收购完成后，徐福记于 12 月在新加坡交易所摘牌。

中国食品商务研究院研究员朱丹蓬指出：“此次并购对雀巢而言，最大的收获是徐福记的渠道资源。”雀巢的巧克力和糖果业务在新兴市场的份额落后于卡夫、联合利华等竞争对手，这使得雀巢急于通过收购来扩大市场份额，而徐福记则是中国整个糖果行业中营业额最大的企业，此项收购将令雀巢获得徐福记在中国近1.8万条散装柜资源，以及徐福记庞大的二三线渠道资源，雀巢收购徐福记将对糖果行业格局造成巨大的影响。

■ 中水电公司在苏丹工地遭袭击

2012年1月28日，中水电公司在苏丹南科尔多凡州西北部的乌姆-阿布公路项目工地遭到苏丹反政府武装“苏丹人民解放运动（北方局）”袭击，当时工地上共有47名中国员工，其中29名员工被反政府武装劫持，17名员工成功脱险，另有一名员工不幸中弹身亡。乌姆-阿布公路全程141公里，工期36个月，为中方融资（中国进出口银行）、双边合作项目，其中中水电公司承揽合同额为6 320万美元。2月7日，被劫持的中国工人已离开苏丹反政府武装控制的地区。2月9日下午，29名获释工人顺利抵达北京。这次事件的背景是：1983—2005年苏丹南北内战期间，“苏丹人民解放运动（北方局）”曾隶属南方反政府武装“苏丹人民解放运动”。南苏丹在2011年7月9日正式宣布独立后，“苏丹人民解放运动”成为南苏丹执政党。“苏丹人民解放运动（北方局）”则演变为苏丹境内的反政府武装。2011年9月开始，苏丹政府军和“苏丹人民解放运动（北方局）”在南科尔多凡州持续发生武装冲突。

中水电公司在苏丹工地遭袭击事件告诉我们，企业在进行国际直接投资时应考虑国家风险。本例中国家风险的成因是战争，这会威胁跨国公司雇员或项目雇员的人身安全，引起不规范的商业活动并使公司当地经营现金流量更加不稳定。国家风险的其他成因还包括：国有化、市场准入政策、财政金融政策、外资管理措施、货币的不可兑换性、消费偏好及经济周期等。跨国公司应提高评估和管理国家风险的能力。

● **相关网站**

■ 中华并购网 http://www.Chinese-ma.com/

■ “走出去”公共服务平台 http://fec.mofcom.gov.cn/

● **参考文献**

■ 中国出口信用保险公司.2011年国家风险分析报告

■ 王学泓.论西方国际直接投资主流理论的历史发展.经济学情报，1999（6）

■ 杰夫·马杜拉.国际财务管理.9版.北京：北京大学出版社，2009

第二部分　练习题

一、本章要义

练习说明：请结合学习情况在以下段落空白处填充适当的文字，使上下文合乎逻辑。

国际直接投资是指投资者跨越（1）________，通过（2）________等手段，以掌握和控制国外企业经营活动从而谋取利润的一种投资活动。国际直接投资的基本方式有两种：合营（资）和独资，每一种方式又可细分出不同的组织形式。

合营方式主要有两种：（3）________和（4）________。在我国，通常将前者称为合营企业，而将后者称为合作企业。

（5）__________企业是国际上通行的现代企业模式，包括（6）__________和（7）__________两种形式。前者是指注册资本由（8）_________股份构成，通过发行（9）________（或股权证）筹集资本，股东以其所认购的（10）________对公司承担（11）________责任，公司以其全部资产对其债务承担（12）________责任的企业法人。后者是指由两个以上的股东，以其所认缴的（13）________对公司承担（14）________责任，公司以其全部资产对其债务承担（15）________责任的企业法人。契约式合营是对外直接投资中一种重要的方式。在我国，（16）________具体是指由中国企业或其他经济组织与外国企业、其他经济组织或个人在中国境内以实施联合经营为目的，双方以平等的地位通过签订合约，明确双方权利和义务、履行合同规定条款而产生的经济组织。中外合作企业既可以作为企业法人、负有限责任，也可以不是法人，类似于国外的合伙企业。

独资企业是指一国投资者（公司、其他经济组织或个人）按照东道国法律，经政府批准，在境内单独投资、独立经营、自负盈亏的一种国际直接投资方式。独资企业的基本形式主要有两种：一种是（17）________，另一种为（18）________。后一种分支机构在法律上、经济上没有独立性，仅仅是总公司的附属机构。

选择合营方式、合作方式还是独资方式，对于跨国投资者、东道国政府与企业而言，各有利弊。

各国政府对国际直接投资的态度迥然不同。发展中国家在保护民族工业、核心资源的前提下，引导外资进入一些鼓励发展的行业。常见的鼓励措施包括：降低所得税税率，无偿出租土地和厂房，提供低息贷款，降低对企业的环保要求等。

直接投资的收益主要体现在两个方面：（19）________与（20）________。例如，通过开拓海外市场可以扩大产品销量，利用不同国家在生产能力、技术、市场供求关系方面的“级差”谋求比较利益和超额利润，利用海外的劳动力、土地以及其他资源优势降低产品的成本以及突破原材料瓶颈和贸易壁垒；降低经营风险，例如，汇率风险、收入和现金流量变动风险，等等。

（21）________是跨国公司进行直接投资的决策依据。也就是说，对具体的投资项目进行（22）________，在考虑各种风险因素的基础上，对（23）________、现金流状况进行详细的测算。

跨国公司的资本预算需要根据未来现金流的不确定性进行风险调节。风险调节可以运用三种方法，包括（24）________、（25）________和调整预期收益率。

在资本预算过程中，涉及国家风险的评估与管理。国家风险也称（26）________风险，是指由于东道国或投资所在国国内政治环境或东道国与其他国家之间政治关系发生改变，即由于国家的强制力量而给外国的企业或投资者造成经济损失的可能性。国家风险代表了国家政治、经济、文化环境对跨国公司投资收益产生的潜在不利影响。国家风险并不是指外国企业或者投资者所遭受的实质性的经济损失，而是指发生这种政治变化的可能性以及由此可能导致的经济损失可能性。

目前国际上通常从两个方面对国家风险进行分类：一是从国家风险发生的范围和层次看，国家风险分为（27）________层次的风险和（28）________层次的风险。前者指对所有外国企业或外国投资者都会产生不利影响的政治方面的改变；后者指只对某个特定行业、某类特定企业或者某一特殊投资计划、某一市场产生不利影响的政治改变。二是从国家风险的结果看，国家风险分为影响到财产所有权的风险和只影响到正常业务收入的风险。

在评估国家风险时，需要在宏观风险评估模型的基础上进行微观风险评估。宏观风险评估模型旨在评估一个国家的（29）________风险。微观风险评估模型是从跨国公司的角度对影响其经营的特定国家风险进行评估。国家风险评估的方法包括：列表打分法、（30）________法、定量分析法、巡查访问法。为了避免国家风险，跨国公司一般采用垄断技术、缩短投资期、充分运用当地资源、购买保险等方法。

二、重要概念释义选择

练习说明：请从文字框中为下列国际金融术语选择匹配的定义或描述，将对应的字母编号填入空格处。个别术语有可能对应不止一个描述；如果需要，任意描述可以使用多次。

1. 国际直接投资__________
2. 股份有限公司__________
3. 有限责任公司__________
4. 中外合作企业__________
5. 独资企业__________
6. 资本预算__________
7. 模拟分析__________
8. 国有化__________
9. 德尔菲法__________
10. 分公司__________
11. 列表打分法__________
12. 国家风险评级__________
13. 宏观层次的国家风险__________
14. 微观层次的国家风险__________
15. 内部收益率__________
16. 国家风险__________

A. 国家风险的一种评估方法。具体而言，是将所有影响国家风险评估结果的政治和财务因素（包括宏观和微观）转换成数字，通过列表形式直观地进行风险等级判断。分值越高，风险越小。
B. 一种国家风险。只对某个特定行业、某类特定企业或者某一特殊投资计划、某一市场产生不利影响的政治改变。
C. 跨国公司进行直接投资的决策依据。是指对具体的投资项目进行可行性分析，在考虑各种风险因素的基础上，对投资收益、现金流状况进行详细的测算。
D. 一国投资者（公司、其他经济组织或个人），按照东道国法律，经政府批准，在其境内单独投资、独立经营、自负盈亏的一种国际直接投资方式。
E. 第二次世界大战期间美国的思想库兰德公司创造的一种专家评估方法，通过相关专家们背对背的主观评估，得到对某一事件发生概率及其影响的判断。
F. 投资者跨越国界，通过创立、收购等手段，以掌握和控制国外企业经营活动从而谋取利润的一种投资活动。
G. 由于东道国或投资所在国国内政治环境或东道国与其他国家之间政治关系发生改变，即由于国家的强制力量而给外国的企业或投资者造成经济损失的可能性。
H. 以母公司的资金运用成本为基础计算的折现率。
I. 在法律上、经济上没有独立性，仅仅是母公司的附属机构的分支机构。
J. 最突出、危害最严重的一种国家风险，是指政府将外资公司的子公司的资产无偿或者低价收归国有的行为。
K. 通过对不同的国家风险影响因素打分，评定一国的国家风险等级。
L. 根据场景变化的概率来测算、调整现金流的方法，要求较高的技术和大量的计算，通常需要借助计算机来完成，具有复杂和准确的特点。
M. 中国企业或其他经济组织与外国企业、其他经济组织或个人在中国境内以实施联合经营为目的，双方以平等的地位通过签订合约，明确双方权利和义务、履行合同规定条款而产生的经济组织。
N. 一种企业组织形式。注册资本由等额股份构成，通过发行股票（或股权证）筹集资本，股东以其所认购的股份对公司承担有限责任，公司以其全部资产对其债务承担有限责任的企业法人。
O. 一种国家风险。对所有外国企业或外国投资者都会产生不利影响的政治方面的改变，而不论这些企业和投资者是属于何种行业、采取何种投资形式。
P. 一种企业组织形式。由两个以上的股东以其所认缴的出资额对公司承担有限责任，公司以其全部资产对其债务承担有限责任的企业法人。

三、判断对错

练习说明：判断下列表述是否正确，并在对（T）或错（F）上画圈。

T　F　1. 发展中国家因为资本短缺，一般都对外国直接投资大力鼓励。而发达国家因为不存在资本缺口的问题，往往对外国直接投资予以严格限制。

T F 2. 我国对外商来华投资予以鼓励，但对对外直接投资则限制较多。

T F 3. 发展中国家担心国际直接投资会破坏本国企业的竞争力，往往对跨国公司实施一系列苛刻的限制条件，因此，国家风险只有在发展中国家才会发生。

T F 4. 对于跨国公司而言，国家风险不仅包括东道国的国家风险，也包括母国的国家风险。

T F 5. 世界银行的多边投资保险机构可以为跨国公司规避国家风险提供保障。

T F 6. 一般而言，投资期越长，跨国公司与当地的关系就越密切，国家风险就会缓解。

四、不定项选择

练习说明：以下各题备选答案中有一个或一个以上是正确的，请将正确答案的字母编号填入括号内。

1. 国际直接投资的方式包括哪两种？（ ）
   A. 股份有限公司和有限责任公司　　B. 合营企业和合作企业
   C. 股权式合营和契约式合营　　D. 合营和独资
2. 在法律和经济上不具备独立性的是（ ）。
   A. 子公司　　B. 分公司
   C. 有限责任公司　　D. 合作企业
3. 对企业负债承担无限责任的企业形式是（ ）。
   A. 独资企业　　B. 股权式合营企业
   C. 合作企业　　D. 有限责任公司
4. 东道国对外国直接投资予以鼓励的措施包括（ ）。
   A. 税收优惠　　B. 降低对企业的环保要求
   C. 提供低息贷款　　D. 提高国产化比例
5. 外商来华直接投资的特点是（ ）。
   A. 主要集中在东部沿海地区
   B. 对制造业的投资最为密集
   C. 投资对象主要是国有大中型企业
   D. 金融、商业、物流、教育等服务业越来越受到青睐
6. 对于跨国公司而言，以下哪种属于国际直接投资的经济利益？（ ）
   A. 规避贸易壁垒　　B. 规避长期汇率风险
   C. 降低收入和现金流量的不确定性　　D. 扩大产品销售市场
7. 在资本预算过程中，以下哪些因素涉及国家风险的问题？（ ）
   A. 汇率波动风险　　B. 通货膨胀风险
   C. 资金冻结风险　　D. 清算价值的不确定性
8. 有关清算价值的盈亏平衡点，以下哪种表述是正确的？（ ）
   A. 即根据预期的内部收益率估算的投资项目净现值为零时的清算价值
   B. 预期的内部收益率越低，清算价值的盈亏平衡点越高

C. 初始投资越大，清算价值的盈亏平衡点越高
D. 各期的净现金流越多，清算价值的盈亏平衡点越低

9. 有关跨国投资项目资本预算的表述中，正确的是（　　）。
A. 一般而言，母公司应当避免提供全部投资，可以通过租赁或者子公司在当地贷款等方式提供补充资金
B. 一般而言，东道国的货币在投资期内逐渐升值，会增加投资项目的净现值
C. 东道国的资金冻结政策肯定会减少投资项目的净现金流
D. 在资本预算过程中，应当考虑到机会成本因素

10. 资本预算的风险调整方法包括：（　　）。
A. 模拟分析法　　B. 离差分析法
C. 敏感性分析法　　D. 预期收益率调整法

11. 有关国家风险的表述中，正确的有（　　）。
A. 国家风险是由东道国政策变化引起的
B. 国家风险必然会降低跨国公司海外投资项目的净现值
C. 国家风险仅仅来自东道国和母国，与第三国无关
D. 国家风险又称政治风险，是跨国公司资本预算中的重要内容

12. 规避国家风险的措施有（　　）。
A. 垄断技术　　B. 缩短投资期
C. 充分运用当地资源　　D. 购买保险

13. 为国家风险提供保障的保险通常属于哪些机构的业务？（　　）
A. 发展中国家的外贸部门
B. 国际金融组织设立的多边投资保险机构
C. 拥有较多海外投资的发达国家的国外投资保险体系
D. 发展中国家的金融机构

14. 国家风险的评估方法包括（　　）。
A. 德尔菲法　　B. 列表打分法
C. 定量分析法　　D. 巡查访问法

15. 国家风险评估包括哪几个部分？（　　）
A. 宏观政治风险　　B. 微观政治风险
C. 宏观财务风险　　D. 微观财务风险

16. 以下哪个因素不属于微观国家风险评估模型需要考虑的因素？（　　）
A. 公司经营对经济增长速度、预期通货膨胀率和利率的敏感性
B. 跨国公司的社区关系
C. 东道国的贸易和经济发展状况
D. 东道国的外汇管制政策

五、问答题

练习说明：请根据学习内容回答下列问题，计算题应给出过程和答案。

1. 国际直接投资包括哪些形式？
2. “一带一路”倡议提出后中国的直接投资有何特点？
3. 对于跨国公司、东道国政府和企业而言，不同经营方式各有什么利弊？
4. 国际直接投资的经济利益体现在哪些方面？
5. 如何计算清算价值的盈亏平衡点？
6. 如何对跨国公司的资本预算予以风险调节？
7. 什么是国家风险？它有哪些类别？
8. 国家风险的成因有哪些方面？
9. 国家风险评估需要考虑哪些因素？具体的评估方法有哪些？
10. 跨国公司通常采取哪些措施来防范东道国的征收风险？
11. 我国的对外投资和外商来华直接投资各有什么特点？
12. 兴伊服装公司计划在美国兴办服装制衣分公司，采取就地生产就地销售的模式，已知条件如下：

（1）初始投资 13 万美元，项目将在一年内完成，经营所得即税后利润全部汇回国内。

（2）投资一年后的税前利润预期为 28 万美元，汇率水平为 8.25 元/美元。

（3）美国政府征收企业所得税，税率为 35%。

（4）兴伊公司在美国除了在商场租用场地外没有其他长期资产，该投资项目的预期残值为零。

（5）兴伊公司要求项目的内部收益率达到 15%。

（6）兴伊公司在进行资本预算时需要考虑有关的国家风险：

①由于近来美国经济不景气，预期税前利润将降至 25 万美元，此种情况发生的概率为 40%。

②美国的企业所得税税率可能由 35% 增至 42%，此种情况发生的概率为 30%。

根据以上信息完成练习：

（1）假设这两种形式的国家风险之间是独立的，请计算该投资项目的净现值的预期值。

（2）该项目的净现值变为负值的概率有多大？

13. 鸿炬玩具公司目前计划在新西兰投资兴建一子公司。有关投资项目的信息如下：

（1）初始投资额为 1 亿新西兰元，当前新西兰元兑人民币的汇率为 5.9。

（2）所需营运资本金为 3 000 万新西兰元，并由新建的子公司通过向新西兰银行贷款提供。已知该笔贷款按年付息，8 年后偿还，年利率为 12%。

（3）项目 3 年后完成，届时子公司将被出售处理，母公司会获得 1.1 亿新西兰元。

（4）新西兰国内市场情况如下：

年份	单位价格（新西兰元）	需求量（件）	单位变动成本（新西兰元）
第 1 年	400	50 000	90
第 2 年	420	54 000	98
第 3 年	470	62 000	112

（5）固定成本（如制造成本）预期为 1 500 万新西兰元。

（6）新西兰元兑人民币的预期汇率为第 1 年年末 5.92，第 2 年年末 5.86，第 3 年年末 5.95。

（7）新西兰政府对外商投资征收 20%的企业所得税、15%的预提税，但国内对海外投资的子公司汇回的公司利润给予税收抵免。

（8）子公司除了保留必要的营运资本外，每年年末都将经营所得现金全额汇回母公司。

（9）固定资产将按直线法 10 年内摊销完毕，即每年的折旧费为 1 000 万新西兰元。

（10）该项目的必要内部收益率为 20%。

要求完成以下练习：

（1）计算该项目的净现值，鸿炬玩具公司是否应接受该项投资计划？

（2）鸿炬玩具公司考虑另一融资方案，即由母公司提供 3 000 万新西兰元的营运资本，与此同时出售子公司的所得增至 1.2 亿新西兰元。该项融资方案同公司原有融资方案相比是否更为有利？

（3）假设鸿炬玩具公司仍采用原融资方案，但新西兰政府对设在本国的外国子公司的资金汇出新西兰采取冻结措施，即只能在项目完成时才允许汇出。在这种情况下，该项目的净现值是多少？

（4）假设鸿炬玩具公司仍采用原融资方案，则该项目清算价值的盈亏平衡点是多少？

六、分析讨论题

近几年来，美债危机硝烟尚未散尽，欧债危机又起波澜，国际金融局势动荡不安。中国面临国际经济局势不确定性因素增加和本身发展方式转型的双重压力。不过，在面对挑战的同时，也迎来了诸多机遇。请问：在当前的国内外形势下，你如何看待中国企业“走出去”？

第三部分　参考答案

一、本章要义

（1）国界

（2）创立、收购

（3）股权式合营

（4）契约式合营

（5）股份制

（6）股份有限公司

（7）有限责任公司

（8）等额

（9）股票

（10）股份

（11）有限

（12）有限

（13）出资额

（14）有限

(15) 有限 (16) 合作企业
(17) 独资子公司 (18) 分公司
(19) 获取比较利益 (20) 垄断利润
(21) 资本预算 (22) 可行性分析
(23) 投资收益 (24) 敏感性分析
(25) 模拟分析 (26) 政治
(27) 宏观 (28) 微观
(29) 系统性 (30) 德尔菲

二、重要概念释义选择

1. F　2. N　3. P
4. M　5. D　6. C
7. L　8. J　9. E
10. I　11. A　12. K
13. O　14. B　15. H
16. G

三、判断对错

FFF　TTF

四、不定项选择

1. D　2. B　3. AC　4. ABC
5. ABD　6. ABCD　7. CD　8. AC
9. ABD　10. ACD　11. D　12. ABCD
13. BD　14. ABCD　15. ABCD　16. CD

五、问答题

1. 答：国际直接投资是指投资者跨越国界，通过创立、收购等手段，以掌握和控制国外企业经营活动从而谋取利润的一种投资活动。国际直接投资的基本方式有两种，即合营（资）和独资，每一种方式又可细分出不同的组织形式。

(1) 合营方式主要有股权式合营和契约式合营。股份制企业是国际上通行的现代企业模式，包括股份有限公司和有限责任公司两种形式。契约式合营，即合作企业，既可以作为企业法人、负有限责任，也可以不是法人，类似于国外的合伙企业。

(2) 独资企业的基本形式主要有独资子公司和分公司。分公司在法律上、经济上没有独立性，仅仅是总公司的附属机构。分公司没有自己的名称、章程，没有自己的财产，并以总公司的资产对分公司的债务承担法律责任。

2. 答：可参考以下要点回答。

在“一带一路”倡议提出后，中国对“一带一路”沿线国家的直接投资以较快速度增长，对外直接投资存量不断扩大。具体来看，主要表现在以下两个方面：

(1) 中国对“一带一路”沿线国家的直接投资领域不断拓展。过去中国对“一带一路”沿线投资主要集中在能源、自然资源、基础设施等领域，投资产业比较单一。而根据“一带一路”总体布局，“一带一路”的核心产业体系包括汽车产业、高新技术产业、高端装备产业、现代服务业、金融业五个主要领域。未来，随着“一带一路”的深化，以及在“一带一路”核心产业体系的规划与指导下，中国对外直接投资的产业将会不断拓宽，呈现出高科技、高质量、高水平的特点。

(2) 中国对外直接投资的重心逐渐向“一带一路”沿线国家转移。“一带一路”倡议的提出则开启了中国向西打开国门的序幕，中亚、西亚北非、中东欧等也进入中国企业对外直接投资的重点区域。随着“一带一路”倡议的提出以及相关项目的落实，中国对“一带一路”沿线地区的直接投资也开始快速增长，国家的直接投资重心也将会随之发生转移。

3. 答：选择合营方式、合作方式还是独资方式，对于跨国投资者、东道国政府与企业而言，各有利弊。

(1) 股权式合营企业。对于外国投资者而言，经济利益体现在：①有限责任，投资风险较小；②东道国给予一定的保护；③利用东道国的资金，广开筹资渠道；④获得有比较优势的人力资源、紧缺的原材料；⑤可轻易突破东道国的贸易壁垒。弊端则体现在：①企业的组建、审批程序相对复杂，费用较高；②需要定期公布企业经营状况等信息，保密性差；③投资者赋税较重，必须交纳双重所得税，以及母国与东道国之间的税收差异。

对于东道国及被投资企业而言，经济利益体现在：①引进先进技术和设备，促进本国产业结构升级和产品结构调整；②学习国外先进的管理经验，培养本国的技术人员和管理人员；③扩大产品出口；④防止外资垄断或控制东道国的某些行业和经济部门。弊端则体现在：①与国外投资者之间存在目标差异；②不同经营者在企业经营方针、发展方向方面发生分歧，协调成本较高；③与其股份持有者在产品市场或原料市场上形成竞争关系，产生利益冲突；④打击国内的民族工业。

(2) 合作企业。经济利益体现在：①设立简单，有些国家甚至无须注册登记；②实现合伙人的优势互补；③许多国家不对合伙企业单独征税。弊端体现在：①承担无限连带责任，风险大；②采取所有权和管理权相一致的管理原则，影响决策效率；③存续期不够稳定，一般规定只要有一个合伙人死亡或退出，企业即告解散。

(3) 独资企业。经济利益体现在：①受政府控制较少；②经营管理灵活主动；③容易保守企业秘密；④容易通过转移定价避税；⑤充分使用投资者的先进技术、管理经验，保证产品质量和效益。弊端体现在：①风险较大，对企业全部负债承担无限责任；②资金只能来源于利润积累和借贷；③没有现成的生产基地，缺乏合作伙伴，难以与有影响力的政府机构发展联系。

4. 答：国际直接投资的经济利益体现在两个方面：(1) 获取比较利益与垄断利润。

具体包括：①扩大市场范围和产品销量，②谋求比较利益和超额利润，③利用国外的生产优势，④利用国外的原材料资源，⑤突破贸易壁垒。

（2）降低经营风险。具体包括：①规避长期汇率风险，②稳定收入和现金流量。

5. 答：跨国公司可以根据预期的内部收益率来计算清算价值的盈亏平衡点，即估算投资项目净现值为零时的清算价值。如果预期清算价值大于或等于盈亏平衡点，则投资项目可行，否则就应该放弃。假设 NPV 为净现值；I 为初始投资额；C_t 代表第 t 期的净现金流；SV_n 为投资期满时的清算价值；n 为投资期限；r 为投资的预期内部收益率。那么，清算价值的盈亏平衡点的计算就可以遵照下列公式：

$$SV_n = \left[I - \sum_{t=1}^{n} C_t/(1+r)^t\right] \times (1+r)^n$$

6. 答：跨国公司的资本预算需要根据未来现金流的不确定性进行风险调节。通常的风险调节方法有三种：敏感性分析、模拟分析和调整预期收益率。

（1）敏感性分析。测算净现值对影响因素的敏感性，常见做法是对投资项目中产生的未来现金流入进行情景分析。例如，以东道国通货膨胀率变化为例，就其对公司投资收益的影响而言设定乐观的场景、悲观的场景、较可能的场景、最可能的场景，计算出每种场景下投资收益的净现值。如果无论哪种场景净现值都是正的数值，表明通货膨胀因素不会导致投资项目的预期收益落空，同时也说明投资项目的预期收益对通货膨胀因素不敏感。如果在通货膨胀率变化的不同场景中，投资收益的净现值的取值有正有负，表明跨国公司的投资收益在一定场景中会受到通货膨胀变化的不利影响，公司需要运用其他计量方法，如蒙特卡洛模拟、VAR 来进一步探讨各种场景发生的概率，准确计算净现值随影响因素变化的程度。

（2）模拟分析。模拟分析是一种根据场景变化的概率来测算、调整现金流的方法，要求较高的技术和大量的计算，通常需要借助计算机来完成，具有复杂和准确的特点。运用计算机模拟技术，可以同时考虑多个影响因素的变化及其概率分布，通过各种影响因素的联合概率分布来计算现金流量的多种变化。模拟法的主要优点在于，跨国公司可以检测净现值可能出现的范围，以便确定净现值为正值的概率，或者净现值大于一个特定水平值的概率，为跨国直接投资决策提供更加科学的依据。

（3）调整预期收益率。基本原理是，投资项目预期现金流量的不确定性增大，意味着投资者获得预期收益的风险增大，投资者要求的风险溢价也相应地提高。因此，项目的预期收益率与收益的不确定性正相关，可以根据统计数据建立项目投资的预期收益率与收益现金流不确定性之间的数学模型，在资本预算结果的基础上，估计投资收益现金流的不确定性，进而对原来的预期收益率进行调整。

7. 答：国家风险也称政治风险，是指由于东道国或投资所在国国内政治环境或东道国与其他国家之间政治关系发生改变，即由于国家的强制力量而给外国的企业或投资者造成经济损失的可能性。国家风险代表了国家政治、经济、文化环境对跨国公司投资收益产生的潜在不利影响。

目前国际上通常从两个方面对国家风险进行分类：（1）从国家风险发生的范围和层次看，国家风险分为宏观层次的风险和微观层次的风险。前者是指对所有外国企业或外国投资者都会产生不利影响的政治方面的改变，而不论这些企业和投资者属于何种行业、采取何种投资形式；后者是指只对某个特定行业、某类特定企业或者某一特殊投资计划、某一市场产生不利影响的政治改变。(2) 从国家风险的结果看，国家风险分为影响到财产所有权的风险和只影响到正常业务收入的风险。前者是指导致外国企业和投资者失去资产所有权或投资控制权的政治方面的改变；后者是指导致外国企业和投资者经营收入或投资回报减少的政治方面的改变。

8. 答：国家风险的成因有以下几个方面：

(1) 国有化。指政府将外资公司的子公司的资产无偿或者低价收归国有的行为，这是最突出、危害最严重的一种国家风险。在中央集权程度高、政权更替较频繁的国家，国有化问题比较严重。国有化通常发生在对东道国各国的经济命脉有直接影响的部门和行业。

(2) 市场准入政策。为了保护本国处于相对弱势的企业，确保更高的就业率，无论发达国家还是发展中国家，往往都会制定一系列限制政策，阻挡跨国公司对当地市场的渗透。

(3) 财政金融政策。财政金融政策的变化对跨国公司直接投资必然产生影响。较高的利率会降低经济增长，减少对跨国公司产品的需求；较低的利率会刺激经济增长，从而增加产品需求。汇率波动会严重影响母公司收到的现金流，并使得子公司的进口成本和出口需求不稳定，生产和收入水平受到干扰。通货膨胀率上升也会影响跨国公司产品的市场需求以及投入品的成本。税收上升则会降低跨国公司的投资收益水平。

(4) 外资管理措施。常见的措施包括：设立污染控制标准；增加企业所得税和预提所得税；加强资金转移限制；建立社会福利设施或专门的环境设施；要求子公司使用当地雇员作为管理人员等。此外，东道国政府对外国经营者要求特许权审批、对本国竞争者给予补贴的做法也非常普遍。一些东道国政府限制子公司向母公司的资金转移范围和规模，严重时甚至冻结子公司的对外资金转移。

(5) 货币的不可兑换性。为了防止资本外逃，危害经济发展的稳定性，许多发展中国家不允许本国货币自由兑换成其他货币。跨国公司的投资收益往往不能顺利地、自由地汇回母公司。货币的不可兑换性在一定程度上限制了跨国公司支配投资收益的灵活性和及时性。

(6) 消费偏好。东道国居民对产品产地的消费偏好，是决定外国产品能否成功进入新的国外市场的关键，因此对跨国公司的直接投资有决定性影响。消费偏好是文化、习惯的产物。

(7) 投资跨国监管联动。出于国家安全的考虑，各国政府对大型跨国公司整合全球网络的并购活动以及经营活动越来越关注，限制和监管越来越严格。

(8) 经济周期。影响跨国投资项目的经营现金流量的最主要因素，是东道国的市场需求，而市场需求与东道国的经济周期高度相关。当东道国经济衰退时，市场需求下降，跨国公司能够得到的现金流量下降，难以获得预期的投资收益。

(9) 战争。战争对跨国直接投资的影响主要是：威胁跨国公司雇员的人身安全；外部经济环境恶化；商业活动很不规范；子公司的经营现金流量更不稳定。

9. 答：国家风险评估包括四个部分：宏观政治风险、宏观财务风险、微观政治风险和微观财务风险。宏观风险评估针对的是一个国家的系统性风险。影响宏观政治风险的因素包括东道国政府与跨国公司母国政府的关系、东道国居民对跨国公司母国政府的态度、东道国政府的政权稳定性、东道国政府被颠覆的危险性以及东道国与邻国发生战争的可能性等。影响宏观财务风险的因素包括 GNP 增长率、预期通货膨胀率、政府赤字、利率、失业率、东道国对出口收入的依赖程度、贸易余额和外汇管制等。微观风险评估是从跨国公司的角度对影响其经营的特定国家风险进行评估，是在宏观风险评估基础上进行的有针对性的调整。对国家风险进行微观评估，除了考虑宏观风险评估涉及的政治因素和财务因素外，还应该包括公司经营对 GDP 增长率、预期通货膨胀率和利率等因素波动的敏感性。

常见的国家风险评估方法包括：(1) 列表打分法，是将所有影响国家风险评估结果的政治和财务因素（包括宏观和微观）转换成数字，通过列表形式直观地进行风险等级判断。由于要将各个因素的影响用数字形式表达，必须注意各因素在国家风险中的影响力，根据其影响力的不同赋予不同的权重。(2) 德尔菲法，是第二次世界大战期间美国的思想库兰德公司创造的一种专家评估方法，主要是通过收集评估专家各自对国家风险的看法，综合得出对国家风险的评估结果。(3) 定量分析法，一旦确定了某一时期导致东道国国家风险的主要宏观因素和微观因素，就可以用定量分析法来确定国家风险等级。常用的定量分析法是离差分析法和回归分析法。离差分析通过考察所有国家的国家风险，找出具体导致国家之间风险差异的主要因素。回归分析主要用来测算一个因素对另一因素变化的敏感性。(4) 巡查访问法，也称实际观察法，指到被投资国进行实地考察，会见当地政府官员、公司管理人员以及消费者，帮助跨国公司更好地了解实地情况（如公司间关系等），感性地评估东道国的国家风险。

10. 答：常见的国家风险管理方法包括：

(1) 垄断技术。如果子公司的生产需要从母公司获得核心技术，东道国市场又需要子公司的产品，通过对子公司技术的垄断和技术信息高度保密，跨国公司可以有效地降低被东道国政府征收的风险。

(2) 缩短投资期。将项目投资锁定在一个较短的周期，通过加速折旧、分期分批地将子公司资产卖给当地投资者或政府等手段，跨国公司不仅能尽快地获取国外投资的超额利润，还能降低子公司被东道国征收的可能性，将国家风险损失控制在较低的程度。

(3) 充分运用当地资源。跨国公司如果能充分运用当地的人、财、物资源，例如，尽量多地雇用当地员工，从当地银行获得巨额融资，利用当地的原材料，与当地特定的利益集团形成比较紧密的利益关系，就可以在一定程度上减少国家风险。

(4) 购买保险。跨国公司母国政府设立的海外投资保险机构，以及世界银行等国际金融组织设立的多边投资保险机构，对私人公司的海外投资损失给予一定的补偿。

11. 答：对外直接投资的规模与纵深水平，是由投资国在国际商品与劳务市场的地位决定的。我国对外直接投资呈现出以下特点：(1) 投资主体多元化。国有大中型企业占主导地位，私营企业开始崭露头角。投资者遍布各行各业，以制造业、批发零售业为主。(2) 对外投资区域不均，主要集中在亚洲。(3) 涉及行业广泛，行业重点突出。重点的投资行业是租赁和商业服务业，其次是金融业。

外商直接投资在我国呈现出以下几个鲜明的特点：(1) 制造业是投资最集中的行业。(2) 研究与开发投资迅猛增加。(3) 服务业成为跨国公司进入的热点。(4) 投资地点集中。

12. (1) 答：该投资项目的预期净现值为 13.682 1 万元。提示：一年后可能出现的情况有四种：①税前利润为 28 万美元，所得税税率为 35%；②税前利润为 28 万美元，所得税税率为 42%；③税前利润为 25 万美元，所得税税率为 35%；④税前利润为 25 万美元，所得税税率为 42%。

(2) 答：项目净现值变为负值的概率为 12%。提示：只有在第四种情况下项目净现值才是负的。

13. 答：(1) 该项目的资本预算如下：

	第 0 年	第 1 年	第 2 年	第 3 年
1. 需求量		50 000 件	54 000 件	62 000 件
2. 单位价格		400 新元*	420 新元	470 新元
3. 总收入=1×2		2 000 万新元	2 268 万新元	2 914 万新元
4. 单位变动成本		90 新元	98 新元	112 新元
5. 总变动成本=1×4		450 万新元	529.2 万新元	694.4 万新元
6. 固定成本		1 500 万新元	1 500 万新元	1 500 万新元
7. 非现金费用（折旧）		1 000 万新元	1 000 万新元	1 000 万新元
8. 总成本=5+6+7		2 950 万新元	3 029.2 万新元	3 194.4 万新元
9. 子公司息税前利润		−950 万新元	−761.2 万新元	−280.4 万新元
10. 利息费用		360 万新元	360 万新元	360 万新元
11. 税前利润		−1 310 万新元	−1 121.2 万新元	−640.4 万新元
12. 东道国税收（20%）		0	0	0
13. 子公司税后利润=11−12		−1 310 万新元	−1 121.2 万新元	−640.4 万新元
14. 子公司净现金流量=13+7		−310 万新元	−121.2 万新元	359.6 万新元
15. 从子公司调回资金（100%）		0	0	359.6 万新元
16. 对调回资金征收预提税（15%）		0	0	53.94 万新元
17. 子公司汇回税后现金流=15−16		0	0	305.66 万新元
18. 清算价值				11 000 万新元
19. 外汇汇率		5.92	5.86	5.95
20. 流入母公司的现金流		0	0	67 268.677 万元
21. 流入母公司的现金流的现值		0	0	38 928.63 万元
22. 母公司初始投资	59 000 万元			
23. 累计的 NPV=21−22		0	0	−20 071.37 万元

* 本题中新西兰元简称新元。

该项目的净现值为－20 071.37万元，净现值为负，因此鸿炬玩具公司不应接受该投资计划。

（2）另一种融资方案的资本预算。

	第0年	第1年	第2年	第3年
1. 需求量		50 000件	54 000件	62 000件
2. 单位价格		400新元	420新元	470新元
3. 总收入＝1×2		2 000万新元	2 268万新元	2 914万新元
4. 单位变动成本		90新元	98新元	112新元
5. 总变动成本＝1×4		450万新元	529.2万新元	694.4万新元
6. 固定成本		1 500万新元	1 500万新元	1 500万新元
7. 非现金费用（折旧）		1 000万新元	1 000万新元	1 000万新元
8. 总成本＝5＋6＋7		2 950万新元	3 029.2万新元	3 194.4万新元
9. 子公司息税前利润		－950万新元	－761.2万新元	－280.4万新元
10. 利息费用		0	0	0
11. 税前利润		－950万新元	－761.2万新元	－280.4万新元
12. 东道国税收（20%）		0	0	0
13. 子公司税后利润＝11－12		－950万新元	－761.2万新元	－280.4万新元
14. 子公司净现金流量＝13＋7		50万新元	238.8万新元	719.6万新元
15. 从子公司调回资金（100%）		50万新元	238.8万新元	719.6万新元
16. 对调回资金征收预提税（15%）		7.5万新元	35.82万新元	107.94万新元
17. 子公司汇回税后现金流＝15－16		42.5万新元	202.98万新元	611.66万新元
18. 清算价值				12 000万新元
19. 外汇汇率		5.92	5.86	5.95
20. 流入母公司的现金流		251.6万元	1 189.463万元	75 039.377万元
21. 流入母公司的现金流的现值		209.67万元	826.02万元	43 425.57万元
22. 母公司初始投资	76 700万元			
23. 累计的NPV＝21－22		0	0	－32 238.74万元

此种融资方案的净现值比上一种方案小，因此原有融资方案更有利。

（3）项目的净现值不变，因为前两年公司并没有利润要汇回国内。

（4）清算价值的盈亏平衡点 $SV_n=(10\,000-305.66/1.728)\times 1.728=16\,974.34$（万新元），即约1.7亿新元。

六、分析讨论题

答：参考思路：可结合本章内容及国内外现状，分析中国企业“走出去”的有利条件、经济利益以及风险挑战，言之有理即可。

第八章
跨国公司资产负债管理

第一部分　背景资料

一、学习准备

在国外拥有重要经营业务的公司经常被称为跨国公司。跨国公司必须考虑许多不会对纯粹的国内企业产生影响的财务因素，这些因素包括外币汇率、各国不同的利率、跨国经营所采用的复杂的会计方法、外国汇率政策和外国政府的干涉等。与国内企业一样，它们进行的投资项目也必须为股东提供比成本更多的收益，也必须进行融资安排，以尽可能低的成本进行融资。

2005 年，《美国创造就业法案》减免了总部位于美国的跨国公司的大量税务负担。该法案规定对美国跨国公司转回美国的其国外分支机构 2003 年前的盈利仅仅适用 5.25％的税率。之前，该税率曾高达35％，过高的税率使跨国公司的分支机构倾向于将其产生的利润在国外再投资以避税。该法案鼓励美国跨国公司将分支机构在国外的盈利转移回美国。经济学家估计，该利润转移可能达到 3 000 亿美元。例如，药业巨头辉瑞公司的利润转移可能达到 380 亿美元，强生公司估计将转移 110 亿美元的利润回美国。当然，税收仅仅是复杂的国际经营的一个问题。货币、国际外汇汇率和其他一些重要因素在跨国公司长期资产负债管理中都起作用。

二、学习目的和要求

本章主要就跨国公司资产负债管理进行说明，其核心问题是跨国公司长期资产负债管理的主要内容及其决策。涉及跨国公司的现金管理、跨国公司短期投融资模式、跨国公司的资本成本、资本结构、长期融资、税收规划等内容。具体地说，学生需要理解和掌握以下知识点：

（1）学习跨国公司现金管理技术和主要贸易融资方式；

（2）了解跨国公司非贸易短期融资的动机和渠道；

（3）熟悉跨国公司的资本结构管理；

（4）学习跨国公司如何利用国际税收规划增加企业价值。

三、知识准备

1. 投资学和财务管理相关知识。
2. 国际贸易和国际结算相关知识。
3. 外汇风险和国家风险相关知识。
4. 国际税收相关知识。

四、学习拓展

● **案例探讨**

■ 华润集团内部贷款协议

2010 年 12 月 5 日，华润集团旗下 6 家香港上市公司联合发布“持续关联交易——建议在华润集团成员公司间集团内部贷款方面提供更大灵活性”的通函，希望能通过系统内公司，将多余现金向其他兄弟公司进行期限不超过 6 个月的短期融资，并建议股东在特别股东大会上投票批准此项议案。2010 年 12 月，在华润集团公司及其所有关联方就集团内相互贷款提案放弃投票的前提下，6 家上市公司的中小股东进行了投票，最后结果为 4：2，贷款总协议得以通过。

华润集团此次通过子公司的相互贷款协议在内部形成了一个短期货币市场，甚至可以通过循环贷款协议延展成为内部资本市场。内部贷款协议的优势为：降低融资成本、提高资金使用效率、优化企业资产结构并通过内部关联交易降低赋税。

■ 英国天然气集团与中国银行签署战略合作备忘录

2011 年 6 月 27 日，英国天然气集团（BG Group）与中国银行在伦敦签署战略合作备忘录。根据备忘录，英国天然气集团将获得中国银行提供的 15 亿美元的综合授信，双方将在信贷、国际结算与贸易融资、保险、外汇交易、投资银行服务等方面开展全面合作。英国天然气集团计划在未来十年在全球范围投资 1 000 亿美元，其中以中国为主的新兴市场是集团未来发展的战略重点。此次签约不仅为英国天然气集团全球投资计划提供了资金支持，而且标志着其全球发展战略获得了一个重要的银行战略伙伴。中国银行 2011 年曾获评“中国最佳贸易融资银行”和“最佳流动性管理合作支持银行”。

● **相关网站**

■ 中国银行网站 http://www.boc.cn/

■ 中国进出口银行网站 http://www.eximbank.gov.cn/

● **参考文献**

Durand，D.，1952，“Cost of Debt and Equity Fund for Business：Trends and Problems of Measurement”，Conference on Research in Business Finance，NBER，New York

Modigliani，F. and M. H. Miller，1958，“The Cost of Capital，Corporation Finance，and the Theory of Investment”，*American Economic Review* 48

Modigliani，F. and M. H. Miller，1963，“Corporate Income Taxes and the Cost of Capital：A Correction”，*American Economic Review* 7

Miller，M. H.，1977，“Debt and Taxes”，*The Journal of Finance*，Vol. 32，No. 2

第二部分　练习题

一、本章要义

练习说明：请结合学习情况在以下段落空白处填充适当的文字，使上下文合乎逻辑。

跨国公司短期资产负债管理是跨国公司管理的重要内容，包括资产管理和负债管理两个方面。跨国公司短期资产管理的重点在于现金和闲置资金的有效运用，短期负债管理的重点则在于币种安排、实际融资成本控制。

企业的现金流入活动有（1）________和（2）________。融资现金又分为三类：（3）________、（4）________和（5）________。

影响子公司现金流的主要因素是通货膨胀、（6）________、产品销售、汇率和（7）________。

跨国公司内部各子公司现金流状况不尽相同，内部现金流动可以实现两个主要功能：（8）________和（9）________。

与现金管理模式相对应，跨国公司的短期投资管理模式也分为（10）________和（11）________。前者是指母公司集中各子公司的短期闲置资金，建立资金池，根据各子公司的流动资金需求计划，进行适当的短期投资，取得最佳的投资效益。后者是指各子公司对经营中出现的短期闲置资金拥有投资权，根据自身利益最大化原则独立地进行短期投资。

在杠杆资本结构的情况下，企业的资本成本通常用（12）________或者综合资本成本来表示，这取决于税后的债务成本和权益成本。

影响跨国公司资本结构的因素包括公司（13）________、企业的成长性、银行和评级机构的态度、（14）________。东道国的国家风险，例如股权限制、利率政策、汇率政策、征收风险等，对跨国公司的资本结构决策也有较大的影响。

跨国公司可以在全球范围内通过对所有的子公司进行税收规划，从而取得最大的经济利益。对国际税收影响较大的税收种类有所得税、预提税、亏损结转、（15）________和税收减免等。（16）________是跨国公司最常用的税收规划手段。同时，国际税收还会影响到公司的（17）________、（18）________、资本结构和资本预算等决策内容。

二、重要概念释义选择

练习说明：请从文字框中为下列国际金融术语选择匹配的定义或描述，将对应的字母编号填入空格处。个别术语有可能对应不止一个描述；如果需要，任意描述可以使用多次。

1. 净额清算__________
2. 短期国际贸易融资__________
3. 打包贷款__________
4. 应收账款售让__________
5. 信用证__________
6. 集中式管理__________
7. 进口押汇__________
8. 商业信用__________
9. 出口政策性贷款__________
10. 加权平均资本成本__________
11. 广义资本结构__________
12. 税收抵免__________

A. 母公司集中各子公司的短期闲置资金，建立资金池，根据各子公司的流动资金需求计划，进行适当的短期投资，取得最佳的投资效益。
B. 按资本类别的比例计算公司资本成本的方法。计算方法包含所有资金来源，包括普通股、优先股、债券及所有长期债务。
C. 银行向进口商、出口商或中间商提供的以国际贸易结算为基础的、期限在一年以内（含一年）的短期进出口贸易融资。
D. 银行代表进口商签发的，承诺当装运交单单据与合同条款一致时向出口商付款的一种单据。
E. 出口国银行为支持出口商按期履行合同、出运交货，向收到合格信用证的出口商提供用于采购、生产和装运信用证项下货物的专项贷款。
F. 出口商将应收账款出售给银行（或者专业金融机构）以获得融资，同时将进口商不履约的风险转让给银行的一种短期融资方式。
G. 一国政府允许跨国公司使用在东道国所纳的所得税和预提税来抵减母公司应纳的税款。
H. 长期资本结构，即债务资本和权益资本的比例关系。

I. 信用证项下单据到期并经审核无误后，开证申请人因资金周转关系，无法及时对外付款赎单，以该信用证项下代表货物权的单据为质押，并同时提供必要的抵押/质押或其他担保，由银行先行代为对外付款的融资方式。
J. 跨国公司现金管理的一种常用方式，是指在一定时间内，跨国公司母公司与子公司以及各子公司之间不按照交易的发生额而是按照收支轧差后的净额来进行支付的行为。
K. 由国家进出口银行对符合政策支持条件的本国的出口厂商或者外国的进口厂商提供的优惠贷款。
L. 一种在商品交易中以延期付款或预收货款形式建立的借贷关系，是企业之间的一种直接信用行为。

三、判断对错

练习说明：判断下列表述是否正确，并在对（T）或错（F）上画圈。

T　F　1. 跨国公司现金管理通常是站在母公司的角度对子公司进行现金周转和管理。

T　F　2. 跨国公司只要构建货币组合，就能降低单一货币的波动风险。

T　F　3. 无论用哪种货币融资，在利率平价成立的情况下，企业的实际融资成本都应该相等。

T　F　4. 在本币升值情况下可以选择进行外币融资。

T　F　5. 国际贸易融资中的打包贷款是指将不同的贷款组合起来一起发放。

T　F　6. 综合资本成本取决于税后的债务成本和权益成本。

T　F　7. 债务融资比权益融资具有成本节约的优势，因此，负债比例越大，加权平均资本成本越低。

T　F　8. 考虑到跨国公司收益的稳定性，通常债权人和股东对其风险回报的要求较高。

T　F　9. 一般地，如果东道国征收风险较大，跨国公司将偏向于在东道国进行大量的股权融资。

T　F　10. 跨国公司基于合法避税而进行的内部转移定价，往往会造成子公司利益的扭曲。

四、不定项选择

练习说明：以下各题备选答案中有一个或一个以上是正确的，请将正确答案的字母编号填入括号内。

1. 跨国公司现金管理的目的是（　　）。
   A. 改善公司流动资产和流动负债的结构
   B. 为公司的固定资产投资提供资金
   C. 提高资金使用效率
   D. 节约资金成本，增加企业利润

2. 影响子公司现金流的因素有（　　）。
A. 通货膨胀　B. 存货水平
C. 汇率　D. 利率
3. 跨国公司常用的现金管理技术包括（　　）。
A. 净额清算　B. 加速清收
C. 规避东道国的管制　D. 内部现金流动
4. 以下行为属于跨国公司短期投资行为的是（　　）。
A. 跨国公司向某客户提供半年期的商业信用
B. 跨国公司购买 1 年期的零息债券
C. 跨国公司甲子公司向乙子公司提供六个月的贷款
D. 跨国公司向子公司追加股权投资 1 000 万美元
5. 相对分权式投资而言，集中式短期投资管理的优势是（　　）。
A. 获得较高的规模投资回报　B. 分散投资风险
C. 降低整体的融资成本　D. 降低交易成本
6. 以下属于国际贸易融资方式的是（　　）。
A. 发行商业票据　B. 信用证
C. 进出口押汇　D. 国际保理
7. 以下关于信用证的说法正确的是（　　）。
A. 信用证意味着银行以其自身的银行信用代替了进口商的商业信用
B. 信用证有两种基本类型：可撤销的和不可撤销的
C. 信用证是一种自足文件，可以不依附于贸易合同而存在
D. 信用证业务是一种纯粹的单据业务，处理的对象是单据
8. 以下关于打包贷款的说法正确的是（　　）。
A. 专款专用，即仅用于为执行信用证而进行的购货用途
B. 贷款金额一般是信用证金额的 60%～80%，期限一般不超过 4 个月
C. 正常情况下以信用证项下收汇作为第一还款来源
D. 跨国公司通过打包贷款，不仅能够获得商品出口装船前的短期融资，而且可以减少生产、采购等备货阶段的资金占压
9. 以下属于非贸易短期融资的动机的是（　　）。
A. 满足短期资金需求　B. 规避外汇交易风险
C. 调整资产负债结构　D. 降低财务费用
10. 跨国公司最重要的短期资金来源是（　　）。
A. 银行信贷　B. 发行商业票据
C. 商业信用　D. 企业集团内部资金融通
11. 影响平均资本成本的因素有（　　）。
A. 债务和权益的结构　B. 债务利率
C. 所得税税率　D. 股权成本
12. 加权平均资本的计算公式为 $K_W = K_B(1-t) + K_S$，其中（　　）。
A. B 为公司的债务总量　B. S 为公司的权益总量

C. t 代表公司的所得税税率　　D. K_B 为公司的税前债务成本
E. K_S 为公司的权益成本

13. 以下哪些因素会影响跨国公司的资本结构？（　　）
A. 收入稳定性　　B. 企业的成长性
C. 贷款银行和评级机构的态度　　D. 税收

14. 下面关于长期融资的币种选择说法正确的是（　　）。
A. 扩张性货币政策会增加货币供给从而促进利率下降
B. 在经济扩张的末期，短期利率甚至有可能超过长期利率
C. 金融市场的一体化程度越高，资产价格与利率相互影响的力度就越大
D. 利率的季节特性通常会受到政府经济政策改变、国际经济形势变化等其他因素的影响而消失

15. 关于税收抵免的说法正确的是（　　）。
A. 一般地，如果跨国公司的对外投资符合本国经济利益，在满足一些基本要求后，本国政府都会给予一定的税收抵免
B. 各国税收抵免的思路是一样的，使用的方法也相仿，如果东道国的所得税税率较高，多数国家一般会给予母公司补偿
C. 进行税收规划时，不能只看某个子公司的情况，要综合考虑
D. 美国不允许跨国公司用超额的国外税收抵减母公司的其他应纳税款

16. 以下哪个是跨国公司最常用的税收规划手段？（　　）
A. 亏损结转　　B. 转移定价
C. 税收协定　　D. 税收抵免

五、问答题

练习说明：请根据学习内容回答下列问题，计算题应给出过程和答案。

1. 影响跨国公司子公司现金流的因素主要有哪些？这些因素是如何影响子公司的现金流量的？
2. 简述跨国公司常用的现金管理技术。
3. 试比较集中式管理和分权式管理两种现金管理模式的优劣。
4. 国际贸易融资的常用工具有哪些？
5. 试简述各国政府促进出口贸易的金融支持政策。
6. 影响跨国公司资本成本的因素有哪些？
7. 造成跨国公司资本成本国别差异的原因有哪些？
8. 影响跨国公司资本结构的因素有哪些？
9. 跨国公司国际税收规划需要重点关注哪些内容？
10. 不同国家的税收差异对跨国公司的哪些经营管理决策有影响？并简要说明税收如何影响各决策。
11. 欧盟公布避税天堂名单，对跨国公司转移定价行为有什么影响？
12. 假设中国石化在新加坡的子公司按年利率 6%取得了 100 万美元的 1 年期贷款。

当时的市场汇率为1新加坡元＝0.5美元，100万美元可兑换为200万新加坡元。新加坡元的一年期利率为8%。一年期的远期汇率为1新加坡元＝0.45美元。假设一年后市场汇率可能变为0.4美元/新加坡元，问：

（1）该公司借入美元还是新加坡元划算？

（2）如果借入美元，是否需要进行保值？

（3）保值时该公司的实际融资成本是多少？

13. 国内某跨国公司决定借入一笔一年期的英镑，英镑的利率是9%，该公司预计英镑兑人民币的汇率波动的概率如下：

英镑兑人民币汇率的波动程度（%）	概率（%）
2	10
−5	20
0	20
1	50

根据上面的数据，试计算英镑融资利率的期望值。

14. 假定中国电信公司考虑发行美元债券，票面利率是6%，并且公司没有美元来支付债券本息。公司主要是考虑美元的利率较低，在国内发行人民币债券可能要支付9%的利息。假定发行的债券5年到期并可以平价发行。如果中国电信公司需要融资5 000万美元，公司可以发行人民币债券和美元债券，支付方式是每年年末支付利息，最后一期还本。人民币兑美元的即期汇率是8.2，公司对今后5年每年末的人民币汇率进行了预测，预测结果见下表。

年末	人民币兑美元汇率
1	8.2
2	8.1
3	8.0
4	7.8
5	8.0

请完成以下工作：

（1）计算该公司发行美元债券的融资成本。

（2）比较发行人民币债券和美元债券的融资成本，公司应该选择哪种货币发债？

15. 一家印度跨国公司在中国和德国各有一家子公司。中国的企业所得税税率为20%，德国的企业所得税税率为35%。印度母公司将研发部设在德国，中国子公司每年向德国子公司出口500万欧元的商品。为了利用中国和德国之间的税收差异，母公司制定了转移定价策略：中国子公司出口品价格提高，使得出口收入增加到550万欧元，以产品研发的名义由德国子公司向中国子公司支付200万欧元的咨询费。在两个子公司其他费用不变的情况下，这一政策会给该跨国公司的营运资金带来什么好处？

六、分析讨论题

1. F公司为一家世界500强在华成立的合资企业，主要经营化工产品。该公司的原材料从境内采购，生产成品在境外销售。受金融风暴影响，F 公司大客户 A 公司改变了以前按季结算付款方式，延长为按半年结算付款方式，因此 F 公司积压大量因境外销售产生的应收账款。同时 F 公司接到境外 B 公司订单，收到 B 公司开来的信用证。F 公司资金周转紧张，有短期资金融资需求。现有以下三种融资方案可供选择：

(1) 向银行申请打包贷款。在出口 B 公司货物装运之前，向银行申请资金融通。

(2) 向银行申请出口押汇。在出口 B 公司货物装运之后，向银行押汇而提前取得资金。

(3) 应收账款售让。F 公司将对 A 公司的应收账款出售给银行以获得融资。

假设你是 F 公司财务总监，请分析上述三种融资方案的利弊，并讨论这三种方案各自在何种情况下最有利。

2. 20 世纪 90 年代以来，我国企业的海外投资发展迅猛。随着早期我国对外直接投资企业海外业务的扩大，这些企业作为跨国公司的特征更加突出，有的公司已进入世界大型跨国公司的排名之列。在《2006 年世界投资报告》公布的全球 100 家最大的发展中国家跨国公司排名中，来自中国的公司占到一半，为 50 家。其中，25 家来自中国香港，15 家来自中国台湾，10 家来自中国大陆。2004 年 9 月中国企业联合会公布的 2004 年中国企业 500 强的平均收入增长率为 26.24%，比该年度世界 500 强企业的平均水平 10.5%高出 15.74 个百分点；2004 年中国企业 500 强平均资产周转率为 31.86%，而世界 500 强平均资产周转率为 24.46%。这些事实说明，中国越来越多的企业具备了在世界舞台上竞争的能力。

尽管如此，如果以联合国专门用以评估跨国公司在国外活动的范围和程度的“跨国性指数”来衡量，发展中国家公司与发达国家公司还存在很大差距。比如，从国外资产来看，2004 年发展中经济体的 100 强企业所拥有的国外资产总额，还不及全球 100 强之首、总部设在美国的通用电气这一家公司的国外资产数。中国的跨国公司相比成熟的西方跨国公司而言，更是尚属起步与探索阶段，其发展在很大程度上恰恰受制于资金的匮乏。那么，我国公司跨国发展中应该采取怎样的融资战略，以增强我国公司国际化资本运营的能力，提高企业的国际竞争力？

第三部分 参考答案

一、本章要义

(1) 销售收入
(2) 融资现金流入
(3) 母公司的贷款
(4) 银行以及其他投资者的资金注入
(5) 商业信用
(6) 存货水平
(7) 利率
(8) 降低融资成本

(9) 规避汇率风险
(10) 集中式管理
(11) 分权式管理
(12) 加权资本成本
(13) 收入的稳定性
(14) 税收
(15) 避免双重征税的协定
(16) 转移定价
(17) 短期融资
(18) 营运资本管理

二、重要概念释义选择

1. J
2. C
3. E
4. F
5. I
6. A
7. D
8. L
9. K
10. B
11. H
12. G

三、判断对错

FFTTF　　TFFFT

四、不定项选择

1. ACD
2. ABCD
3. ABCD
4. ABC
5. ABC
6. BCD
7. ABCD
8. ABCD
9. ABCD
10. A
11. ABCD
12. ABCDE
13. ABCD
14. ABCD
15. AC
16. B

五、问答题

1. 答：影响跨国公司子公司现金流量的主要因素及其影响方式为：

(1) 通货膨胀。现金支出与原材料采购国的通货膨胀成正相关关系。

(2) 存货水平。当预期原材料价格上涨或者面临汇率大幅波动时，为了避免现金支出不确定性增加的风险，公司将保持较多的原材料库存。

(3) 产品销售。产品销售数量和销售的结算方式，一方面决定现金流入金额和流入时间，另一方面也决定现金流出。公司的销售信用标准，例如，给予产品赊销的比例、应收款的平均周期等，对公司的应收账款余额影响很大，是决定子公司现金周转的重要影响因素；原材料采购和存货数量在很大程度上也取决于产品销售。如果子公司产品的销售出现波动，那么销售收入、原材料采购都会变得不确定，这种不确定性需要公司保留大量的现金余额来应付意外的变化。

(4) 汇率。许多国家要求跨国公司子公司进行相当比例的产品外销，因此子公司的产品销售会受到汇率变动的影响。如果东道国货币升值，对子公司出口产品的需求就会减少，而且汇率波动也会影响子公司在东道国的销售。因为相对便宜的进口替代品会挤占子公司产品的国内市场份额，导致销售收入减少。当然，汇率波动对子公司的债务收入与支出也有影响。

（5）利率。利率水平以及利率的波动，对子公司的债务支出和投资的现金流量有影响。当然，如果子公司的资产和负债能够在数量、结构上大体匹配，利率波动对现金流量的干扰就会减小。

此外，东道国政府的税收政策、对资本流动的态度、是否冻结资本或者实行汇兑限制等措施，也会影响子公司的现金流量，使得最佳现金流量的预测更加不确定。

2. 答：在现实生活中，常用的现金管理技术包括收支两条线、净额清算、加速清收、规避东道国的管制、内部现金流动等。

（1）收支两条线。为了加速资金周转，减少资金持有成本，提高资金使用效率和内控能力，增加企业的经济价值，跨国公司大多使用收支两条线现金管理模式，加强全面预算管理。要求子公司在跨国公司的财务公司或当地银行设立两个账户（收入户和支出户），子公司收入的现金按照规定进入收入户，通过跨国公司与银行签订的协定，收入户实行零余额管理，及时、足额回笼到跨国公司总部，进行集中统一管理，避免子公司的资金沉淀和浪费。子公司的货币性支出必须通过支出户进行，根据"以收定支"和"最低限额资金占用"的原则，从收入户按照支出预算安排将资金定期划拨到支出户，不允许子公司坐支现金。

（2）净额清算。是跨国公司现金管理的一种常用方式，是指在一定时间内，跨国公司母公司与子公司以及各子公司之间不按照交易的发生额而是按照收支轧差后的净额来进行支付的行为。由于跨国公司日常经营中有很多外币现金收入与支出，也有很多外币应收款和应付款，其中相当部分是母公司与子公司以及各子公司之间的相互支付。净额清算减少了货币兑换的金额，降低了货币兑换的成本。通常，母公司和各子公司会组织专门人员负责，并开发专门的管理系统来统一管理现金净额清算。

（3）加速清收。加速应收账款的清收可以提高资金的利用效率。财务管理中通常采用现金营运指数来衡量现金收入的质量好坏。加速应收账款的清收是提高现金营运指数的直接途径。跨国公司常用的加速现金流入的手段包括：①采取多种鼓励手段，例如给予即期付款的客户一定折扣，根据产品销售周期设计合理的付款方式，及时清收欠款。②在大额销售情况下，与客户签订预先授权支付书，允许跨国公司分期分批地从客户的银行账户中支取一定限额的资金，提高资金的回收率。③与银行合作，建立覆盖面广、方便的清收设施。

（4）规避东道国的管制。跨国公司往往通过收入、费用的转移性安排，增加子公司的开支，减少子公司的利润，主要方法包括：①将设在其他子公司、母公司的研究部转移到该东道国，增加其开支。②购买母公司、其他子公司的产品、研究成果，通过内部转移定价、劳务、科研费用支出将该子公司的收入转移到母公司或其他低税收的子公司。③增加当地的融资金额，减少母公司的资金投入，用当地的收入来支付各种开支。④将公司的各种会议、广告、宣传费转移到该子公司来实现，尽量运用该子公司的投资收益，不产生利润，从而对抗东道国的资金汇出冻结。

（5）内部现金流动。即通过集团内部付款方式的安排，以及转移定价等手段，降低融资成本，或规避汇率风险。

3. 答：跨国公司对子公司的现金管理，可以分为集中式管理与分权式管理两种模式，不同的管理模式有不同的现金流量和流向。

如果采用分权式管理，子公司拥有一定限额的短期融资以及投资的权利，可以自主支配和调节现金流，有利于子公司根据经营需要灵活地安排现金，保证支付。但是，分权管理方式很难保证母公司对子公司现金流的统筹规划，特别是在子公司利益与母公司利益存在一定的冲突，以及子公司之间存在相互利益冲突时，基于母公司利益最大化的现金管理难以有效进行。

如果采取集中式管理，母公司一般不给予子公司融资权和投资权，只是根据子公司的应收应付款状况，核定其最佳现金流量，超额部分全部由母公司划走或支配，现金管理权集中在母公司。集中管理方式有利于跨国公司优化现金流量，使资金得到更有效的利用，并且对所有子公司的现金状况进行及时的监督。但是子公司的日常经营活动容易受到现金流量的制约。

无论采取哪种现金管理模式，跨国公司都需要根据具体情况合理配置现金管理权限，不能片面为追求母公司的价值最大化而过多牺牲子公司的利益或者扭曲子公司的业绩。

4. 答：短期国际贸易融资，是指银行向进口商、出口商或中间商提供的以国际贸易结算为基础的、期限在一年以内（含一年）的短期进出口贸易融资。贸易融资的常用工具包括信用证、打包贷款、应收账款融资、银行承兑与贴现等。

（1）信用证。信用证是银行代表进口商签发的，承诺当装运交单单据与合同条款一致时向出口商付款的一种单据。具有如下特点：①信用证是一种银行信用，开证行负第一性付款责任；②信用证是一种自足文件，可以不依附于贸易合同而存在；③信用证业务是一种纯粹的单据业务，处理的对象是单据。

（2）打包贷款。打包贷款是指出口国银行为支持出口商按期履行合同、出运交货，向收到合格信用证的出口商提供用于采购、生产和装运信用证项下货物的专项贷款。跨国公司通过打包贷款，不仅能够获得商品出口装船前的短期融资，还可以减少生产、采购等备货阶段的资金占压，提高资金利用效率。

（3）应收账款融资。应收账款融资是指出口商将应收账款出售给银行（或者专业金融机构）以获得融资，同时将进口商不履约的风险转让给银行的一种短期融资方式。在这种融资方式下，出口商将应收账款的权益卖断给银行，融资银行不具有对出口商的追索权。随着金融市场证券化的发展，应收账款证券化已经成为一种普遍的国际贸易短期融资方式。

（4）银行承兑与贴现。银行承兑是银行对其签发的汇票或期票承诺到期兑现的一种业务。在票据到期时，承兑银行有责任向汇票持有人付款。银行承兑汇票为出口商提供了信用证到期之前的短期资金融通。票据贴现是收款人或持票人在资金不足时，将未到期的银行承兑汇票向银行申请贴现，银行按票面金额扣除贴现利息后将余额支付给收款人的一项融资业务。票据贴现可以看作是银行以购买未到期银行承兑汇票的方式向企业发放贷款。

5. 答：出口是国民收入增长的一大来源。在增加一国收入的同时，出口还有利于增加就业，提升产业结构，改善本国的消费品结构，提高国民的生活水平。通常各国政府都积极支持企业出口，制定一系列政策鼓励出口，并成立专门机构，通过具体措施来落实这些政策。

(1) 建立国际贸易融资促进机构。其中最重要的是提供出口信贷等金融支持的机构，包括国家进出口银行、出口信贷保险机构、出口信贷担保机构、出口信贷基金等。

(2) 出口政策性贷款。是由国家进出口银行对符合政策支持条件的本国出口商或者外国进口商提供的优惠贷款。这种政策性贷款通常由政府提供一定的利息贴补。

(3) 项目担保。它是实现风险分担的关键所在，在一定程度上可以说是“项目融资结构的生命线”。项目担保是政府对出口信贷的全部（或部分）本金和利息提供的综合担保，目的是鼓励商业银行向有资格的出口商扩大短期的出口融资，保护银行免受出口商违约的风险；或者是鼓励出口商向外国进口商提供赊销，以扩大本国成套设备的出口。项目担保的种类有国外市场开发担保、信贷担保、中短期商业风险担保等。有的国家还专门为中小企业提供出展保险、考察保险、贷款保险、贷款反保、货币兑换和政治风险担保等多种业务。

6. 答：影响跨国公司资本成本的因素主要包括融资条件、收益稳定性、风险水平等。

(1) 融资条件。由于业务经营和融资规模比较大，跨国公司在申请贷款和发行债券或股票时，可以享受批发交易的价格，例如较低的优惠贷款利率，或者较低的债券或股票发行费。与国内企业相比，跨国公司拥有在国际金融市场上融资的便利条件，可以在不同的国家、用不同的货币融资，其资本规模扩张较少受到金融市场和融资途径的限制。加上各国经济周期不一致形成的利率差异，通过子公司选择利率较低的货币进行融资，跨国公司还可以进一步降低资本成本。

(2) 收益稳定性。跨国公司的收入来源于世界各地，可以消除某个国家经济周期、经济政策对企业经营的不利影响，现金流量更为稳定，因此，通常债权人和股东对其风险回报的要求较低，从而降低了资本成本。

(3) 风险水平。跨国公司收入多元化以及欧洲资本市场融资，在降低资本成本的同时，也使得跨国公司必须承担更多的汇率风险、更频繁的利率风险、更复杂的国家风险。由于跨国公司面临的风险范围更广、风险管理难度更大，投资者可能会要求更高的风险回报，推动公司的资本成本上升。

7. 答：跨国公司的资本成本由债务成本和股权成本共同构成。在不同的国家，同一时间上的债务成本或股权成本实际上有显著的差异。造成跨国公司资本成本国别差异的原因主要表现在以下方面：

(1) 无风险利率的国际差异。根据可贷资金理论，一国的无风险利率取决于资金供求双方的相互作用，国民财富、市场预期、流动性需求、投资需求、财政赤字、税收等是影响无风险利率水平的重要力量，而这些因素在不同的国家又是大相径庭的。正是无风险利率的国别差异，直接决定了跨国公司在不同国家融资的债务成本高低不同。国别税收政策差异对无风险利率的影响也不容忽视。不同国家规定的个人所得税、折旧和与投资相关的税收抵免政策存在很大的差异，它们对公司的债务融资需求的影响力不同。各国中央银行执行的货币政策直接影响着可贷资金的供应，从而会影响利率。一般地，采用宽松货币政策的国家利率较低，采用紧缩货币政策的国家利率较高。此外，经济增长速度对投资需求有一定的影响。经济增长速度越快，对投资的需求就越大，在货币供给不变的情况下，容易推动利率上升。因此，许多发展中国家的债务成本会比工业化国家的债务成本高出很多。

（2）风险溢价的国别差异。利率的风险溢价取决于债务人的信用风险大小。由于各国的经济状况、企业与债权人的关系、政府干预及财务杠杆利用程度的不同，债权债务关系中的信用风险在各国并不一致。如果一个国家的经济处于稳定的持续发展状态，经济衰退风险比较低，企业的市场销售和收入波动性就很小，不能偿付债务的概率比较低，因此投资者所要求的风险溢价也就比较低。

（3）股权成本的国别差异。股权成本代表了一种机会成本。通常，股权成本可用股东赚取的无风险利率和反映企业风险水平的风险溢价来测算。如上所述，无风险利率存在国别差异，因此，在企业风险相同的情况下，股权成本也必然出现较大的国别差异。不同国家的投资机会也是导致股权成本国别差异的一个原因。通常，经济成长性比较强的国家，投资机会比较多，投资者要求的股权成本相对较高。此外，在相同的投资盈利水平下，不同国家投资者期望的资本利得有较大的差异，这也是造成股权成本差异的重要原因。

8. 答：资本结构是由企业采取各种筹资方式聚集而形成的，影响跨国公司资本结构的因素主要有：

（1）收入稳定性。企业的收入是偿债的来源。公司债有确定的偿债义务，到期必须还本付息，对现金流量的稳定性要求较高。而股权融资不用归还股本，只需支付股利，对现金流的要求就比较少。因此，现金流比较稳定的跨国公司具有更高的债务承受能力，资本结构中可以安排更高的债务比例，相反，现金流波动较大的跨国公司可能更偏爱股权融资。一般情况下，从事多元化经营的跨国公司拥有更加稳定的现金流，比较偏好债务比例较高的资本结构。

（2）企业的成长性。企业的市场竞争能力是决定其持续发展的关键因素。竞争能力强、市场份额高、发展速度快的跨国公司，对外部资金的需求规模大，留存收益不可能满足其扩张的融资需求，倾向于使用更多的债务资本，以充分利用财务杠杆，提高企业每股收益。而市场竞争能力差、发展速度慢、成长前景不好的跨国公司，往往比较偏好权益融资，通过运用内部留存收益、增发股票来补充资本。

（3）贷款银行和评级机构的态度。在涉及大规模的筹资时，贷款银行和信用评级机构的态度实际上往往成为决定企业资本结构的关键因素。为了规避信用风险，债权人对债务人的资信、抵押或担保品、风险管理能力有较高的要求，这些因素直接影响贷款的可获得性。信用等级高、管理能力强或拥有房地产等可担保资产的跨国公司比较容易获得低成本贷款，也更偏爱债务融资。

（4）税收。由于企业债务利息具有节税效应，所得税税率越高的跨国公司，举债筹资的好处就越大，越偏好债务融资。此外，在东道国对子公司向母公司汇回的收益征收预提税的情况下，在东道国举债可以减少子公司定期汇回的现金量，进而减少预提税。

9. 答：跨国公司在进行国际税收规划时需要重点考虑各国的税收特征，仔细比较各国的税收规定，进行税收规划，进而趋利避害。具体来说，需要对以下因素予以重点关注：

（1）所得税。各国为了达到不同的经济目标，对跨国公司征收的所得税税率很不相同。但衡量各国企业所得税税负的真正差异还应考虑税收抵减、折旧、企业补贴及其他因素。

(2) 预提税。指东道国政府对本国居民或法人向外国投资者和债权人支付的股利、利息所征的税收。尽管预提税不会影响子公司的现金流量，但它却会影响流向母公司的税后金额。与企业所得税税率一样，预提税税率在各国间也有巨大的差异。即使在同一国家，预提税税率也常常因为资金转移的不同目的而变化。

(3) 亏损结转。跨国经营面临较高的风险，需要时间来适应当地的法律、文化和营商环境，在设立的头几年大都会出现亏损，在经营过程中也会遭遇较高的国家风险。为了鼓励外资，许多国家制定了企业亏损前后结转的税收政策，允许跨国公司的经营亏损向前或向后结转。

(4) 避免双重征税。所得税协定是来源地、居住地避免双重纳税的重要保障。各国之间签订的税收协定在避免双重征税方面差异较大，有的将税收抵免范围限定为跨国公司的营业利润，有的专门针对投资所得，有的明确规定预提税的征收主体，在收入来源国和居住国之间划分征税权，或共享税收收入。主要做法包括：①免税，即收入来源地对跨国公司的营业收入或投资收入不征税。②税收抵免，即跨国公司在收入来源国缴纳的所得税和预提税，可以抵减其在居住国的纳税额。③减税，即对跨国公司的收入使用较低的税率征税。

10. 答：跨国公司的短期融资、营运资金管理、资本结构、资本预算等，都容易受到国别税收差异的影响。跨国公司在进行这些决策时需要关注税收的影响，进而利用各国的税收差异以达到企业价值最大化。

(1) 短期融资。跨国公司可以利用转移费用的方式进行短期融资，增加公司总价值。促使高税收国的子公司通过费用支付方式，或者以低利率贷款的方式，将闲置资金转移给需要资金的低税国子公司。跨国公司作为一个整体无疑会从这样一种内部资金融通策略中受益，跨国公司整体的税后收入将有所增加。

(2) 营运资本管理。在扩大营运资本规模时，跨国公司需要综合考虑总体收入和税负。例如，把研发中心设在税负较高的国家，通过研发中心支付管理费、技术购买费、设备费、咨询费等，向设在低税国家的母公司或其他子公司转移收入，以便增加跨国公司整体的税后收入。由于利息可以税前抵扣，减少应税收入，低税国子公司的闲置资金如果投资收益不高，可以通过高利率的方式借给高税国的子公司，以减少高税国子公司的税前收入，也可整体上增加跨国公司的营运资金总量。

(3) 资本结构政策。各国不同的税收特征对跨国公司制定资本结构政策也有重要影响。跨国公司在安排权益性融资或债务性融资时，必须考虑税收因素，以便降低企业的综合资本成本、增加企业价值。例如，跨国公司母公司在计划为境外子公司的大型项目融资时，如果不考虑国别税收差异，在本国增发股票比较有利。然而，考虑到子公司位于高税国，让子公司在当地贷款或发行欧洲债券，发挥税盾优势，在应税收入中抵扣还本付息额，可以减少子公司的税收支出，有利于跨国公司获得更多的税后现金。

(4) 资本预算。资本预算是跨国公司投资决策的重要依据。各国不同的税收政策、税收制度必须作为一个重要因素，在资本预算中加以考虑。如果厂址可以在高税国和低税国之间选择，尽管还有许多因素影响跨国公司的最终决策，但在低税国设立工厂的税收优势通常是高税国无可比拟的。在其他条件基本相同的情况下，跨国公司更倾向于选择低税国进行直接投资。

11. 答：避税天堂是税率很低甚至是完全免征税款的国家或地区，但可能只有个别税种较低，适用于特定分类的个人或商业机构。跨国公司转移定价是指跨国公司内部为实现跨国公司全球战略目标和利润最大化，在母公司与子公司、子公司与子公司之间代销产品、提供商务、转让技术和资金借贷等活动确定的企业集团内部价格不由交易双方按照国际市场上供求关系的原则来确定的一种财务管理方式。跨国公司通过与注册在避税天堂的壳公司之间转移定价，其根本目的是实现企业利润最大化。

欧盟公布避税天堂名单，会对被欧盟“点名”的国家构成压力，并通过该压力促使全球各国和地区的税制与欧盟标准相一致，以至于避税天堂消失，使跨国公司转移定价以节税的目标落空；但是实际上由于避税除了惠及这些少交税的跨国大企业外，对于有避税天堂身份的国家来说也有诸多好处，因此欧盟并未得到更多国家积极响应。

但近期，开曼经济实质法实施细则正式出台，要求壳架构必须在 2019 年 7 月 1 日前满足经济实质要求（其中 2019 年 1 月 1 日后成立的应在 1 年内满足）。该细则的推出，标志着开曼作为避税天堂的时代已经落幕。随着开曼经济实质法实施细则的正式出台，全球反避税的潮流已经不可阻挡。

对跨国公司而言，反避税的潮流将使得转移定价的避税行为效果大打折扣，甚至失去这一节税路径。因此，跨国公司本身也需要具备危机意识和长远目光，探索合法合规的节税途径。

12. （1）答：借入美元的实际成本为 32.5%，而直接借新加坡元的利率为 8%，所以该公司借入新加坡元合适。

（2）答：需要进行保值，即购买 106 万美元的 1 年期远期汇率协议。

（3）答：保值时的实际融资成本是 17.78%。

13. 答：8.973%。

14. （1）答：发行美元债券的实际融资成本为 5.44%。

（2）答：由于预期人民币对美元升值，使得发行美元债券的实际融资成本低于人民币债券融资成本，因此应该选择发行美元债券。

15. 答：经过转移定价，实际上使中国子公司收入增加了 250 万欧元，相应增加税收 50 万欧元；德国子公司支出增加了 250 万欧元，相应减少税收 87.5 万欧元。这样，跨国公司将因转移定价而整体减少税收 37.5 万欧元，即增加税后净现金 37.5 万欧元。

六、分析讨论题

1. 答：参考思路：方案一优势：（1）融资成本较低；（2）能够获得商品出口装船前短期融资，减少生产、采购等备货阶段的资金占压，提高资金利用效率；（3）手续较简便，F 公司在提交信用证后订立一份合同即可办理。方案一劣势：（1）资金用途有限制，即仅用于为执行信用证而进行的购货；（2）能够获得的资金少，一般只为信用证金额的70%。

方案二优势：(1) 融资成本低，为押汇当日同期伦敦银行间同业拆放利率（LIBOR）加一定幅度；(2) 能够获得的资金多，银行通常在买单时付足全部金额。方案二劣势：(1) 手续复杂，F公司需填写总质权书和申请书，有时还需担保人出面担保，填具担保书；(2) 在货物装运后才能获得资金，因此在生产、采购等备货阶段存在资金占压。

方案三优势：(1) 由于应收账款的及时变现，清除了坏账隐患，有利于改善企业的财务状况、提高资产的流动性；(2) 减少了信用调查及应收账款方面的开支。方案三劣势：(1) 融资成本比其他两种方案高；(2) 限制条件较多，应收账款售让时，银行对转让的应收账款和应收账款的转让公司都有一定的条件限制，不符合条件的，不接受转让。

选择最合适的融资方案，言之有理即可。

2. 答：参考思路：有关资料表明，西方国家的融资模式与优序融资理论基本是一致的，美国、英国和德国企业首选内源性融资，在外部融资方面主要是靠信贷融资。中国非跨国企业的融资行为与西方国家有显著不同。在融资结构中，内源融资的比例普遍很低，外源融资占绝对的比重，甚至部分公司的融资结构完全依赖外源融资；其中，外源融资中长期负债和总负债水平较低，所有者权益占总资产的比例较高。在总体资产负债率水平偏低的情况下仍然存在强烈的股权扩张冲动，不能有效利用债务融资的财务杠杆效应，增加企业价值。然而考虑到中国跨国公司与中国非跨国公司所面对的资本市场成熟度相差大，融资偏好应有所不同，该现象的成因复杂。可从以下方面分析：扩展内部融资，开展国际直接融资；采取措施降低境外融资成本，加强境外融资风险的防范与管理；重视发挥融资杠杆的作用；重视债券融资与发展国内资本市场；创造条件促进产融结合。

也可提出不同观点，言之有理即可。

第九章
跨国银行业务与经营

第一部分　背景资料

一、学习准备

在国内利率市场化、利润增长放缓、竞争加剧的情况下，商业银行转型压力进一步加大。随着企业“走出去”以及大型银行实力的增强，银行开始加快在海外市场的角逐，寻求新的利润增长点。经过近年来的布局与拓展，大型银行海外业务开始进入回报期；人民币跨境使用快速发展，又打开了新的机遇窗口。

2013 年中国工商银行新加坡人民币清算业务持续快速增长，人民币产品不断丰富，有力地推动和支持了新加坡离岸人民币市场的快速健康发展。此前，中国人民银行于 2013 年 2 月 8 日正式授权工行新加坡分行担任新加坡人民币业务清算行，这是中国央行首次在中国以外的国家选定人民币清算行。统计显示，2013 年由工行新加坡分行担当的新加坡人民币业务清算行共完成人民币清算笔数 3.8 万笔，清算量达到 2.6 万亿元。单日最高清算笔数达到 900 多笔，单日最高清算量达到 800 亿元。有 67 家商业银行在新加坡人民币业务清算行开立了人民币同业往来账户，与清算行开展的人民币融资交易达到 1 400 多亿元，外汇交易量达到 600 多亿元人民币。与此同时，工行新加坡分行的人民币业务得到快速发展，跨境人民币结算量达到 1 500 多亿元。此外，部分周边国家的中央银行也在新加坡人民币业务清算行开立了人民币账户，将美元储备转换成人民币存放，人民币作为储备货币的作用开始显现。

二、学习目的和要求

本章主要就跨国银行业务与经营的相关问题进行说明。涉及跨国银行的含义、跨国银行的类别、跨国银行的业务以及在跨国经营过程中遇到的相关问题和应该采取的措施等内容，具体地说，学生需要理解和掌握以下知识点：

（1）了解跨国银行兴起的原因和三次浪潮；

（2）熟悉跨国银行的组织架构和主要业务；

（3）掌握跨国银行设立的模式及其决定因素；

（4）了解我国跨国银行发展的特点。

三、知识准备

1. 商业银行的相关知识。
2. 国际贸易和国际结算的相关知识。
3. 外汇风险和国家风险的相关知识。

四、学习拓展

● **案例探讨**

■ 中国银行巴黎人民币清算行服务正式启动

2014 年 12 月 3 日，中国银行在法国巴黎举行“巴黎人民币清算行服务启动仪式”。中国银行陈四清行长、法国前总理拉法兰、法国财政部国库司司长布鲁诺·贝扎尔、法兰西银行金融市场司司长弗朗索瓦·哈斯及中国驻法国大使馆代办邓励分别在启动仪式上致辞，并为“中国银行巴黎人民币清算中心”揭牌。

陈四清行长在致辞中表示，巴黎人民币清算机制的建立，是中法经贸合作不断深化的必然要求，是人民币国际化进程的必然选择，是中国银行完善全球清算网络的必然举措。建立巴黎人民币清算机制，有利于提升两国经济参与者使用人民币的效率，进一步降低经贸成本，丰富投融资选择，顺应两国企业和金融机构的需要，也将为两国深化合作开辟新的空间。中国银行高度重视巴黎离岸人民币中心的建设，已在人员、系统、产品、流程等各方面做好充分准备，完全有信心履行好巴黎人民币清算行职责，与社会各界共同分享人民币国际化红利。

法国前总理拉法兰指出，中国银行成为巴黎人民币清算行，是人民币国际化的重要一步。感谢两国政府做出的这一重大决定，对中国银行和巴黎金融市场表示祝贺。在中法建交 50 周年之际，举行这样的活动有着深远的影响，中法两国企业交往和合作将会进一步加强。

中国银行巴黎分行成立于 1986 年，拥有法国全面银行业务牌照，获准经营法国金融法律许可的所有银行业务，2013 年资产规模位居法国非欧盟外资银行第一位。中国银行巴黎分行是法国最大的人民币业务服务商，2014 年前三季度累计办理跨境人民币清算业务超过 7 000 亿元，居当地同业之首。2014 年 9 月 15 日，中国人民银行正式发布公告授权中国银行巴黎分行为巴黎人民币业务清算银行。

■ 中国民生银行收购美国联合银行遭遇巨额损失

■ 中国工商银行收购南非标准银行、阿根廷标准银行

● **相关网站**

■ 中国银行网站 http://www.bank-of-china.com/

第二部分　练习题

一、本章要义

练习说明：请结合学习情况在以下段落空白处填充适当的文字，使上下文合乎逻辑。

所谓跨国银行，是指通过（1）________或其他形式，在两个或两个以上国家建立（2）________并开展业务的商业银行。

判断一项业务属于国内业务还是国际业务，大致有三种不同的判定标准，在（3）________、（4）________和（5）________中间进行选择。

（6）________、（7）________是跨国银行产生的主要原因。当商业银行的国际银行业务无法满足客户到国外发展的金融服务需要时，商业银行不得不跟随自己的客户到国外设立分支机构，以便更好地服务于那些走出去经营的长期客户或重要客户。

代理行是为（8）________代理业务的银行。从定义上看，代理行并不属于跨国银行。当商业银行希望跨越国境开展业务，但因为成本或者政策上的限制无法设立境外分支机构时，商业银行可以在（9）________选择合作伙伴，作为其代理行。

子行是商业银行在海外设立的（10）________。子行的经营自负盈亏，与母行之间不存在连带责任关系。

零售银行业务，一般是指面向（11）________和（12）________提供的分散、零星的小额银行产品和金融服务。零售银行业务不是指具体的某一项业务，而是有着广泛的业务领域，同时包括资产业务、负债业务和（13）________。

私人银行业务是指向（14）________的个人提供（15）________的业务。私人银行业务与零售银行业务在业务种类上有交叉，二者的主要区别在于服务对象不同。

同业拆借的资金规模比零售银行的资金规模大得多，其行为类似于商品供应商之间的交易，所以它也被称为（16）________。商业银行能够通过同业拆借来提高资金的（17）________。

进口押汇，是指（18）________项下单据到期并经审核无误后，开证申请人因资金周转关系，无法及时对外付款赎单，以该信用证项下代表货物权的单据为质押，并同时提供必要的抵押/质押或其他担保，由银行先行代为对外付款的融资方式。

国际保理，是国际保付代理业务的简称，也称（19）________业务，是指提供赊销便利的出口商在货物装船后，将发票、汇票、提单等有关单据卖断给国际银行或专业保理公司，立即收进全部或部分货款的国际金融业务。

福费廷是指在国际贸易中，出口商将经过进口商承兑的中期商业票据无追索权地售予一家银行，从而提前取得现款。可以看出，福费廷是以（20）________方式为出口商提供的信贷。

二、重要概念释义选择

练习说明：请从文字框中为下列国际金融术语选择匹配的定义或描述，将对应的字母编号填入空格处。个别术语有可能对应不止一个描述；如果需要，任意描述可以使用多次。

1. 跨国银行__________
2. 国际银行__________
3. 代理行__________
4. 代表处__________
5. 分行__________
6. 子行__________
7. 联营银行__________
8. 银团银行__________
9. 私人银行业务__________
10. 零售银行业务__________
11. 国际银团贷款__________
12. 进口押汇__________
13. 出口押汇__________
14. 国际保理__________
15. 福费廷__________

A. 向拥有高资产的个人提供财富管理服务的商业银行业务。
B. 当商业银行希望跨越国境开展业务，但因为成本或者政策上的限制无法设立境外分支机构时，商业银行在东道国选择的合作伙伴。
C. 面向小型企业和个人消费提供的分散、零星的小额银行产品和金融服务。
D. 一般需要一家或几家大银行作为牵头行，搜集有用的信息来判断借款者的信用级别，组织贷款，并把贷款份额再出售给其他参与银行。
E. 通过股权或其他形式，在两个或两个以上国家建立分支机构并开展业务的商业银行。
F. 在国际贸易中，出口商将经过进口商承兑的中期商业票据无追索权地售予一家银行，从而提前取得现款。
G. 提供赊销便利的出口商在货物装船后，将发票、汇票、提单等有关单据卖断给国际银行或专业保理公司（factor），立即收进全部或部分货款的国际金融业务。

H. 信用证项下单据到期并经审核无误后，开证申请人因资金周转关系，无法及时对外付款赎单，以该信用证项下代表货物权的单据为质押，并同时提供必要的抵押/质押或其他担保，由银行先行代为对外付款的融资方式。
I. 提供国际业务的商业银行。
J. 在出口商发出货物并交来信用证或合同要求的单据后，银行应出口商的要求向其提供的以出口单据为抵押的在途资金融通。
K. 商业银行在海外设立分支机构的最初形式，是跨国银行最简单的组织架构。
L. 也称境外联行，是跨国银行分支机构中最主要的一种形式，其并不是独立的法人实体，它是母行的一个组成部分，与母行之间存在着连带责任。
M. 也称附属银行，是商业银行在海外设立的独立法人实体。
N. 通常是由两个以上不同国籍的跨国银行根据协议共同投资注册而组成的公司性质的合营银行，任何一个投资者所持有的股份都不超过50%。
O. 指商业银行参股的东道国银行，不控制后者的经营管理。

三、判断对错

练习说明：判断下列表述是否正确，并在对（T）或错（F）上画圈。

T　F　1. 属人原则：凡是银行为具有母国国籍的客户（包括自然人和法人）提供的业务，不论是在母国机构还是在外国分支机构发生，均属于国内业务。

T　F　2. 只要一家银行到国外设立分支机构并从事存、贷、汇、兑等业务之一，这家银行就可以称作跨国银行。

T　F　3. 跨国银行的存贷业务与货币兑换业务是相互独立的。

T　F　4. 跨国银行的每一次大发展都是在特定的历史背景下进行的，都具有鲜明的时代特性。

T　F　5. 在跨国银行发展的第二次浪潮中，跨国银行的业务主要集中在对战后发达国家的贷款上。

T　F　6. 代理行是商业银行在海外设立分支机构的最初形式，是跨国银行最简单的组织架构。

T　F　7. 分行是跨国银行分支机构中最主要的一种形式，是独立的法人实体。

T　F　8. 子行的经营自负盈亏，与母行之间不存在连带责任关系。

T　F　9. 跨国银行在海外设立分支机构时，东道国对外资银行的法律规定以及监管要求是跨国银行考虑的首要因素。

T　F　10. 私人银行业务与零售银行业务在业务种类上有交叉，二者的主要区别在于服务流程不同。

四、不定项选择

练习说明：以下各题备选答案中有一个或一个以上是正确的，请将正确答案的字母编号填入括号内。

1. 长远来看，能够提高中资银行的跨国经营竞争力的做法有（　　）。
   A. 牢牢把握人民币国际化的历史机遇，在国际金融市场上积极布局
   B. 加强同当地企业的交流与合作
   C. 加强金融创新力度
   D. 尽量保持自身的存贷利差
2. 国际化程度最高的银行是（　　）。
   A. 中国工商银行　　B. 中国银行
   C. 中国建设银行　　D. 中国农业银行
3. 设立跨国银行的方式有（　　）。
   A. 开设分支机构　　B. 参股
   C. 并购　　D. 财务投资外资银行
4. 贸易融资的方式有（　　）。
   A. 出口押汇　　B. 进口押汇
   C. 国际保理　　D. 福费廷
5. 国际保理业务可为出口企业提供如下服务：（　　）。
   A. 信用销售控制　　B. 债款回收
   C. 销售账户管理　　D. 坏账担保

五、问答题

练习说明：请根据学习内容回答下列问题，计算题应给出过程和答案。

1. 如何判断一家银行是否为跨国银行？
2. 从历史上看，国际业务如何推动跨国银行的发展？
3. 跨国银行的发展经历了哪三次浪潮？各有什么特色？
4. 跨国银行有哪几种类型？
5. 如何决定选择哪种跨国银行组织架构？
6. 跨国银行的资金来源有哪些？为什么主要依靠同业市场？
7. 跨国银行主要开展哪些业务？
8. 为什么说人民币国际化是我国跨国银行发展的重大机遇？
9. 我国跨国银行的发展有什么特点？如何提高中资银行的跨国经营竞争力？
10. 我国设立跨国银行的主要方式是什么？各种方式有何利弊？

六、分析讨论题

G银行1月29日晚间公告，公司拟收购标准银行公众有限公司已发行股份的60%，本次交易对价将根据目标银行交割日的净资产产值乘以收购股权比例60%进行确定，并减去约定折扣8 000万美元。按目标银行2013年6月末净资产产值估算，本次交易对价约为7.7亿美元。

标银公众是南非标准银行子公司标准银行伦敦控股有限公司全资控股的银行机构，持

有全面银行业务牌照，全球市场业务活跃，对新兴市场较为了解，在商品交易和提供满足客户需要的全球市场解决方案方面经验丰富。

根据股份购买协议，目标银行将在本次交易交割前剥离与全球市场业务无关的业务，剥离完成后将成为一家专注于全球市场业务的银行，通过其在伦敦、纽约、新加坡、香港、迪拜、东京和上海的分支机构为全球客户提供服务。G 银行将于交割日收购目标银行 60%的股份。此外，G 银行还拥有一项行权期为 5 年的期权，可自交割 2 年后收购目标银行额外 20%的已发行股份（简称购买期权）。

G 银行表示，通过本次交易与标银伦敦成立的合资公司将依托 G 银行的客户基础、人民币业务能力，以及标银集团的全球市场业务能力和客户资源，稳定发展现有业务，开拓具有较强收入增长潜力的新业务机会，积极满足 G 银行和标银集团客户及中国客户对全球商品、外汇、利率、信用、股权交易和风险对冲的服务需求，成为符合本行和标银集团战略需要的金融市场业务平台。

那么，对于中国国内商业银行“走出去”，你有什么看法？是应该加快脚步还是踏实稳健前行？

第三部分　参考答案

一、本章要义

(1) 股权
(2) 分支机构
(3) 属人原则
(4) 属地原则
(5) 属币原则
(6) 经济全球化
(7) 企业“走出去”
(8) 境外商业银行
(9) 东道国
(10) 独立法人实体
(11) 小型企业
(12) 个人消费
(13) 中间业务
(14) 拥有高资产
(15) 财富管理服务
(16) 批发银行业务
(17) 使用效率
(18) 信用证
(19) 承购应收账款
(20) 票据贴现

二、重要概念释义选择

1. E　2. I　3. B
4. K　5. L　6. M
7. O　8. N　9. A

10. C	11. D	12. H
13. J	14. G	15. F

三、判断对错

TFFTF FFTTF

四、不定项选择

1. ABC 2. B 3. ABC 4. ABCD 5. ABCD

五、问答题

1. 答：所谓跨国银行，是指通过股权或其他形式，在两个或两个以上国家建立分支机构并开展业务的商业银行。只有当一家银行到国外设立分支机构并从事存、贷、汇、兑等业务时，这家银行才是跨国银行。

判断一项业务属于国内业务还是国际业务，大致有三种不同的判定标准，即属人原则、属地原则和属币原则。

属人原则：凡是银行为具有母国国籍的客户（包括自然人和法人）提供的业务，不论是在母国机构还是在外国分支机构发生，均属于国内业务；相反，凡是对具有外国国籍的客户提供的业务，不论是在母国机构还是在外国分支机构发生，均属于国际业务。

属地原则：凡是银行在母国境内提供的业务，都是国内业务。本国银行在海外的分支机构所办理的业务则归为国际业务，不管银行的服务对象是否为本国居民和机构，也不管交易货币是否为外币。因此，我国银行在中国境内办理的业务都属于国内业务，而我国银行在海外分支机构办理的业务都属于国际业务。

属币原则：凡是银行使用母国货币开展的业务，就属于国内业务。而银行使用外币提供的业务则属于国际业务。换言之，不论是我国银行还是外资银行在华分支机构，只要为客户服务的时候所使用的货币是人民币，则该项业务就是国内业务。相反，当银行为客户提供服务使用的货币是外币，如美元、英镑等时，这类业务属于国际业务。

2. 答：从历史上看，跨国银行是伴随着银行国际业务的发展而兴起的。银行最重要的国际业务是货币兑换和国际信贷。货币兑换和国际信贷这两项重要的国际业务分别是在商品贸易和战争两个不同的影响因素下发展起来的。这两项国际业务分别加强了银行在国家间同商人与政府的联系，并为以后跨国银行的发展奠定了基础。

古希腊城邦林立，金银铸币种类繁多，城邦与城邦之间的贸易往来又非常密切。为了方便商人们更高效率地进行货物贸易，希腊出现了一种专门从事各城邦货币兑换的货币兑换商。国际贸易的出现以及金属货币的产生，使得货币兑换业应运而生，并成为欧洲最早的银行业务。

商人们有时会把暂时不需要的钱交给货币兑换商保管，等需要时再从货币兑换商处取出，进而产生了存款业务。当越来越多的商人从货币兑换商处不停地存入和取出货币时，总有一部分货币被闲置下来。精明的货币兑换商于是把这些闲置的货币贷放出去，收取利息，因此产生了贷款业务。

西欧各国之间的战争也是商业银行国际业务发展的一大动力。公元 14 世纪后，由于欧洲各国战事连年不断，旷日持久的战争催生了国王们对资金的大量需求。国际银行与国际信贷在这一时期的发展达到了高潮。到 18 世纪，国际银行业在荷兰的阿姆斯特丹再次兴起，国际银行业又出现了一次高潮。

3. 答：经济全球化、企业“走出去”是跨国银行产生的主要原因。从时间上看，跨国银行的建立与发展共经历了三次浪潮。第一次浪潮兴起于 19 世纪 30 年代，第二次浪潮兴起于 20 世纪 60 年代，第三次浪潮则兴起于 20 世纪 90 年代。跨国银行的每一次大发展都是在特定的历史背景下进行的，都具有鲜明的时代特性。

（1）殖民主义——跨国银行的第一次发展浪潮。

18 世纪末，兴旺的国际贸易使得英国出现了商人银行，这些银行不仅通过票据承兑、贴现等业务为国际贸易提供了大量的贸易融资，而且早在拿破仑战争期间就开始对外国政府提供贷款。19 世纪中叶，由于率先完成工业革命，英国成为世界经济的霸主，英镑成为世界上最重要的货币，伦敦成为世界的金融中心，英国理所当然成为跨国银行第一次发展浪潮的领导者。19 世纪 30 年代，英国银行开始在海外殖民地设立银行分支机构，20 年后又把触角深入到拉丁美洲、南非、英属印度和亚洲等殖民地。19 世纪 70 年代以后，法国、德国、意大利等殖民列强也相继效仿英国，开始在各自的殖民地开设跨国银行，其中设在美国的银行最多。

跨国银行发展的第一次浪潮伴随着殖民主义的兴起而繁荣，伴随着殖民主义的结束而衰落。进入 20 世纪后，民族主义思潮在殖民地得到广泛传播，殖民地纷纷独立。第一次世界大战和紧随其后的世界性经济危机不仅使国际贸易陷入停滞，同时也结束了跨国银行海外扩张的第一次浪潮。

（2）离岸市场——跨国银行发展的第二次浪潮。

始于 20 世纪 60 年代初期，终于 20 世纪 80 年代中期。第二次世界大战以后，欧洲经济元气大伤，而美国却从战前的净债务国演变成为世界最大的债权国。欧洲和日本为了防止资金外流，实行严格的外汇管制，跨国银行受到极大的阻碍。1958 年 12 月 29 日，西欧 14 国共同宣布取消了战后实行多年的经常账户管制，在随后的十多年内又相继开放了资本账户，为跨国银行的发展提供了制度保障。与此同时，美国的经济实力和国际金融地位都实现了质的飞跃。布雷顿森林体系使得美元取得了超然于其他任何国家货币的地位，成为世界货币。在 20 世纪 50 年代初，出现了欧洲美元市场，即最初的离岸金融市场，这为美国银行进入欧洲市场提供了市场契机和天然通道，因此，美国成为跨国银行第二次发展浪潮的领导者。

在跨国银行发展的第二次浪潮中，跨国银行的业务主要集中在对发展中国家的贷款上。由于贷款规模较大，单个银行无法独自提供足够的资金，所以对发展中国家的贷款大多采取国际银团贷款方式。1984 年国际债务危机爆发后，跨国银行出现了大量的坏账、呆账，不得不将业务重心从发展中国家转向发达国家，进行房地产和并购等投行类业务，跨国银行发展的第二次浪潮宣告结束。

（3）金融一体化——跨国银行发展的第三次浪潮。

第三次浪潮始于20世纪90年代初期，得益于欧洲一体化进程的推进和金融管制的放松。欧元的出现更是直接挑战了美元作为世界货币的垄断地位。欧洲银行业也借此良机加紧了对外扩张的步伐，欧洲银行成为跨国银行发展第三次浪潮的领导者。与此同时，东南亚以及东欧国家开始对经济体制进行改革，逐步放松了金融管制，允许外资银行设立分支机构，放开了汇率以及资本账户的管制。这就为发达国家的银行再一次进入发展中国家创造了条件。然而，东南亚国家放松金融管制，在加快资本自由流动的同时，也导致了大量的经济泡沫和风险。跨国银行在发展中国家的业务拓展再一次因为金融危机而折戟。跨国银行发展的第三次浪潮不得不告一段落。

温故而知新，国际贸易繁荣，宏观经济增长，国际环境稳定以及金融管制放松，都能够为跨国银行的发展提供良好的机遇。值得一提的是，科技进步也能促进跨国银行发展。科技进步使得信息通信更加发达，资金清算更加便捷，银行业务不再受到时空的限制。21世纪以来，信息技术的飞速发展促进了包括跨国银行在内的金融体系的快速扩张。

4. 答：跨国银行的业务不仅要符合国际形势的发展变化，还要符合所在地的经济环境、金融政策以及监管要求。

（1）代理行。

代理行是为境外商业银行代理业务的银行。从定义上看，代理行并不属于跨国银行。当商业银行希望跨越国境开展业务，但因为成本或者政策上的限制无法设立境外分支机构时，商业银行可以在东道国选择合作伙伴，作为其代理行。一旦确定了目标银行，商业银行与该行正式签订代理合约，由代理行在贸易融资、国际清算、外汇汇兑、国际信贷等方面为商业银行的跨国公司客户提供服务。

（2）代表处。

代表处是商业银行在海外设立分支机构的最初形式，是跨国银行最简单的组织架构。商业银行在东道国建立一个实体代表机构，代表母银行进行商业信息收集、公共关系维护以及潜在机会发掘等活动，不能从事银行业务。代表处的功能简单，受东道国的法律限制较少，因此运营成本较低。商业银行在开发新市场的时候，代表处是一个最有效的手段。

（3）分行。

分行是跨国银行分支机构中最主要的一种形式。分行并不是独立的法人实体，它是母行的一个组成部分，与母行之间存在着连带责任。分行的资产负债表不是独立的，而是母行资产负债表的一部分。从公司的角度来看，分行仍然是母行下属的一个法定的职能部门，所以分行在海外市场发展时，可以获得母行全部的信用。相对于代表处来说，开设一家分行意味着商业银行需要在海外市场投入更多的资金和人力资源。分行这种形式的缺点是，银行要对境外分行的经营不善或分行员工违规产生的不良后果负责。如果分行的资产负债表出现了问题，母行不得不拿出资本金来对其进行救助。

（4）子行。

子行是商业银行在海外设立的独立法人实体。子行的经营自负盈亏，与母行之间不存在连带责任关系。因此，子行避免了分行最大的缺点，母行无须对子行经营中产生的不良后果负责。只要一家银行直接或间接拥有境外另一家银行一定比例的股票，能够绝对控制后者的经营决策，则后者就是前者的子行。相对于分行来说，子行的优点在于：母行的责任被限定在成立时的资本金之内，母行只承担有限责任；子行的业务范围更加广泛，有更多的网点机构来开展零售业务；一些国家给予子行更多的业务许可，例如只有子行才能做投资银行业务。子行的缺点则是，资产规模比分行大，启动资金要求较高；管理成本以及运营成本也比分行高。

（5）联营银行。

联营银行（affiliates）是指商业银行参股的东道国银行，不控制后者的经营管理。联营银行在法律地位、性质和经营特点上与子行类似，只是在联营银行中，任何一家外国投资者拥有的股权都在50%以下，其余股权可以为东道国所有，或由几家外国投资者共有。商业银行参股联营银行的投资策略可以分为战略性投资和财务性投资两种。商业银行如果进行的是战略性投资，就会积极参与联营银行的经营管理，并提供自身的经验和资源。如果只是财务性投资，希望日后以一个更高的价格转让股权，获取投资收益，商业银行就不会介入联营银行的经营管理。

（6）银团银行。

银团银行（consortia bank）通常是由两个以上不同国籍的跨国银行根据协议共同投资注册而组成的公司性质的合营银行，任何一个投资者所持有的股份都不超过50%。在进入新市场时，为了达到降低资本要求和风险的目的，多个国家的商业银行可能通过联手组建一家银行来满足海外市场的客户需求。国际银团银行可以联合多家银行的资金、技术和资源，实现优势互补，占领较大的市场份额，这种方式在20世纪70年代盛行一时。目前主要为大型项目提供金融服务。

5. 答：不同的跨国银行的组织架构各有利弊。一般而言，跨国银行在进入新市场的初期，大多会选择代表处或分行的形式。当其规模发展较大，业务较为成熟后，子行则成为主要的形式。跨国银行在选择组织架构时，必须综合考虑以下几个因素：

（1）法律法规。

跨国银行在海外设立分支机构时，东道国对外资银行的法律规定以及监管要求是跨国银行考虑的首要因素。尽管世贸组织规定，成员之间应该向外资银行开放其金融行业。然而，发展中国家对外资银行开设分行或者子行的限制较多，发达国家金融市场开放度较高，对外资银行的限制较少。

（2）资源限制。

跨国银行的组织架构不同，所需的资金和人力资源也不相同。此外，不同组织形式的跨国银行的业务经营各有侧重，对人力资源的要求差异较大。例如，代表处需要在业务发展和公共关系方面具有出色能力的人员，分行则需要擅长管理信用风险的人员。

（3）经营环境。

如果东道国的金融开放程度较高，金融体系也较为完善，商业银行认为环境好，商业机会多，可设立规模比较大的分行或者子行。如果东道国风险程度较高，开展业务存在很大的不确定性，商业银行则会选择成立一家代表处，进行试探性的经营。

（4）税收。

不同组织架构的跨国银行的税收大不相同。子行是东道国的独立法人，需要按照东道国的税收制度纳税。分行不是独立法人，不必向东道国缴纳企业所得税，而是要将利润合并到母行，按照母行所在国的税收规定纳税。为了降低税收负担，商业银行往往根据东道国的税务负担以及在当地的经营状况来确定采取何种组织架构。在东道国税负较重的情况下，商业银行一般不设立子行，以便能够把利润从该国转移到税负较轻的母国或第三国。跨境经营之初经常会出现亏损，采用分行的形式有助于减轻母行的税务负担。当分行开始盈利后，在东道国税负较轻的情况下，可将分行升级为子行。

6. 答：跨国银行的资金来源多种多样。包括活期存款、定期存款、银行承兑汇票、商业票据、外汇借款、欧洲美元等，其中，同业拆借是最主要的资金来源。

商业银行能够通过同业拆借提高资金的使用效率。一方面，有的银行会面对非常有利可图的投资机会，但是自身能够使用的资金却不充足；另一方面，也有一些银行因为一时找不到合适的投资机会而造成暂时的资金闲置。同业拆借将资金的需求方和供给方连接起来，使资金的利用达到最大化。跨国银行在面对营业机构网络已经发展成熟的本地银行时，零售银行业务的扩张面临着很大的困难。因此，同业拆借成为跨国银行主要的资金来源。银行之间同业拆借期限短，流动性强，安全性高，是跨国银行保持必要流动性的一个重要手段。

7. 答：按照业务性质，跨国银行与国内银行没有什么不同，可划分为资产业务、负债业务和表外业务。然而，跨国银行的业务有其侧重点，零售和私人银行业务、同业拆借业务、辛迪加贷款和贸易融资是跨国银行最常见的业务。

零售银行业务，一般是指面向小型企业和个人消费提供的分散、零星的小额银行产品和金融服务。私人银行业务是指向拥有高资产的个人提供财富管理服务的业务。同业拆借的资金规模比零售银行的资金规模大得多，其行为类似于商品供应商之间的交易，所以它也被称为批发银行业务。国际银团贷款又称辛迪加贷款，是跨国银行的核心业务之一，能够为银行带来丰厚的收入。当贷款项目涉及的金额较大，或者风险偏高时，国际银团贷款模式能够使多家银行共同提供资金，分摊贷款风险。在商业银行的各项业务中，贸易金融服务的历史十分悠久，它几乎是同商业银行的兴起同时出现的。跨国银行的设立在很大程度上是为本国的跨国公司提供贸易融资。贸易融资不但在跨国银行的国际业务中占有很大比重，而且同跨国银行的其他国际业务也有着非常紧密的关系。

8. 答：随着企业“走出去”战略的实施，跨境金融需求急剧增加。为了满足这一新需求，中国银行业开始跟随企业的足迹，在对外投资比较集中的东南亚、澳大利亚等地设立分支机构，跨国经营规模不断扩大。进入 21 世纪，人民币国际化给中资银行跨国经营带来了巨大的机遇。

2007 年美国爆发了次贷危机，并引发金融海啸。开放程度较高、金融市场成熟的发达国家遭受沉重打击，例如欧元区陷入主权债务危机，至今尚未走出危机的泥潭。以中国为代表的新兴市场国家尽管也受到了不利影响，但总体影响不大。这场金融危机让世人认识到国际货币体系的弊端，国际货币多元化、降低对美元的过度依赖、完善国际金融治理结构成为一种共识。正是在这样的背景下，2009 年中国开始实施跨境贸易人民币计价结算。近年来，人民币在国际贸易和金融产品中的计价、支付、清算功能不断提高，已经成为外汇市场第九大交易货币。随着人民币的国际地位越来越重要，特别是人民币离岸市场从亚洲扩展到欧洲，中资银行在海外有更多的商机，因此中资银行开始积极对外扩张，不断建立新的分支机构，海外资产规模迅速扩大。截至 2013 年底，中资银行海外资产规模已经达到 1.2 万亿美元，是 2006 年的 5 倍。2013 年 10 月 29 日，中国进出口银行巴黎分行正式挂牌营业，这是我国首家政策性银行海外分行。新成立的巴黎分行的经营服务范围涵盖了欧洲和西北非国家，可为辖区内企业提供存贷款和贸易金融等全方位的金融服务。

9. 答：我国跨国银行的发展具有如下特点：

（1）海外扩张积极，资产和收入稳步增加。

2009 年我国开始试点跨境贸易人民币结算，这给中资银行“走出去”创造了一个良好的机遇。国有银行是中资银行设立跨国银行的主力军，在海外的资产规模不断扩大。中国银行是我国国际化程度最高的银行机构，基本完成了国际化布局。2015 年，中国银行跨境人民币结算量为 5.39 万亿元，中国内地机构跨境人民币结算量为 2.93 万亿元，市场份额稳居第一。工商银行 2015 年末在 42 个国家和地区建立了 404 家机构，通过参股标准银行集团间接覆盖非洲 20 个国家，与 147 个国家和地区的 1 611 家境外银行建立了代理行关系，服务网络覆盖六大洲和全球重要国际金融中心。招商银行作为较早涉足境外业务的股份制银行，其重点拓展港澳地区、新兴市场国家和国际金融中心城市，采取购建并举、管理先行、本地化经营以及立足本土四大策略。民生银行通过香港分行和民银国际成功搭建了海外业务平台，与 1 500 多家境外商业银行建立代理行关系，同时还在筹备设立新加坡分行、泰国工作组。中信银行在中国香港注册的中信国际金融控股有限公司、信银（香港）投资有限公司，成为中信银行国际化的中坚力量。截至 2016 年底，中信银行累计实现国际收支收付汇量 2 124.4 亿美元，稳居股份制银行首位，累计实现跨境人民币收付汇量2 896.9亿元，位居股份制银行第二。总体上看，5 家大型银行是我国银行国际化的主要力量，2015 年，五大行境外营业收入总规模首次突破 2 000 亿元，境外利润首次突破 1 000亿元，相比 2014 年分别增长 17.0%和 6.7%。中国银行作为国际化程度最高的大型国有商业银行，2015 年其境外资产占比和境外利润占比为 27.01%和 23.64%。跨国经营已成为银行分散风险、实现收入来源多元化的重要途径。

（2）海外分支机构盈利模式单一，亟须多元化拓展业务。

我国商业银行在海外开展业务的时候，仍然没有摆脱依靠存款立行，依靠利息作为主要收入来源的传统国内经营模式。2013 年利息收入占中资银行海外营业收入的比重都在 50%以上，比重最高的交通银行将近 90%。发达国家早已实现了利率市场化，存贷款的息差较低，如果中资银行在海外发展时仍然把利息收入作为主要的收入来源，其盈利能力就会受到很大的制约。

（3）风险复杂多变，跨国经营的首要任务是强化风险管理。

跨国经营面临更加复杂多变的汇率、利率环境，要求银行创新产品设计和经营模式。尤其是人民币加入 SDR 货币篮子后，我国与国际金融市场互动的深度和广度都大大提高，要求银行不断适应新环境、新变化，提供能够高效满足国内外企业和个人需要的产品和经营模式。与此同时，银行开展跨境、跨岸、跨币种业务，面对来自不同国家的客户、不同的监管当局和规定，以及多种货币的利率、汇率波动，无论是信用风险还是市场风险，都更加复杂多变，在目前严监管的趋势下，合规风险给我国银行带来了前所未有的损失和管理压力，对风险管理提出了更高的要求。主要重点关注的风险包括信用风险、流动性风险、操作风险、市场风险、合规风险等。

虽然最近十年我国的商业银行积极地在海外市场建立分支机构，但是由于中资银行走向世界的时间较晚，起点较低，从总体上看，我国银行的国际化程度偏低，发展潜力巨大。

长远来看，如何提高中资银行的跨国经营竞争力呢？中资银行可以从以下几个方面着手：

第一，牢牢把握人民币国际化的历史机遇，在国际金融市场上积极布局，配合国家“一带一路”倡议，抢占制高点。

第二，在已经设立分支机构的区域加强同当地企业的交流与合作，尽快适应当地的金融环境和贸易习惯，加强风险管理，提高利润率。

第三，加强金融创新力度，不断满足国际市场上的金融产品需求，为客户提供多维度的金融服务，努力培育新的利润增长点。

10. 答：目前，我国银行“走出去”开展跨国经营还处在起步阶段。中资银行主要采用以下三种模式设立跨国银行。

(1) 开设分支机构。

选择适当的国家和地区，按照东道国的法律和监管要求，开设分支机构，这是我国银行设立跨国银行的主要模式。运用这一模式的典型代表是中国银行。开设分支机构，采用跨国银行的分行组织架构，意味着母行需要较大的投入，拿出资本金，派出管理人员和业务骨干。我国银行选择分行模式发展跨国银行，必然遇到网点不足、市场认知度较低、业务发展缓慢的挑战。但是，开设分行，能够确保银行对境外分支机构具有绝对的控制权，使得海外经营与国内经营相互协调，在经营战略、品牌、管理风格以及客户体验上保持一致。

(2) 参股。

参股是指选择适当国家的某一家银行，购买该行一定的股份，成为其非控股股东。运用参股模式的典型代表是中国工商银行。2007 年 10 月，中国工商银行斥资 423.1 亿元，收购非洲最大商业银行南非标准银行 20%的股权，成为南非标准银行的战略投资者，此举将中国工商银行的海外资产比例从 3%提高至 10%。运用参股方式来设立跨国银行的动机有两个：一是充当国外某家有市场影响力的银行的战略投资者，输出我国银行的经营理念、管理技术和品牌，借助参股银行的当地网点优势，增强我国银行在当地的影响力，达到提升我国银行无形资产和品牌效应的目的。二是分享参股行的经营成果，使得我国银行的收入来源多元化，降低宏观经济周期、政策变化等国家风险，增加收入的稳定性。例如，2008 年中国建设银行为其参股行——美国银行（Bank of America）提供了丰厚的回报，成为美国银行在金融危机中最主要的收入来源。

(3) 并购。

并购是指选择适当国家的某一家银行，全额或者部分收购其资本，并控制该行的经营管理权。从组织架构看，采用并购模式建立的跨国银行是子行。选择并购模式设立跨国银行，优点在于起点高，通过全盘接受被并购银行的网点、客户和各项业务，并购行可以迅速在当地市场中占据一定的份额。然而，并购方式的缺点也很明显：首先，成本高，只有那些经济实力雄厚的银行才能承受如此巨大的资金压力；其次，难度大，许多国家，特别是发展中国家对外资收购本国的银行有很多限制，需要花费大量的人力、物力和时间；再次，资源整合困难，并购双方位于不同的国家，政治制度、文化、习俗、经营管理的理念各不相同，完成并购后需要继续投入大量的精力来整合银行内部的规章制度，以及岗位和人员。实际上，跨国并购的成功率不足 40%。

以上三种设立跨国银行的模式各有利弊。我国银行应该根据自身的发展战略需要，理性地选择适合自己的跨国银行设立模式。在初级阶段，开设分支机构比较稳妥。从中长期看，在海外华人聚集区、中资跨国公司比较集中的地区，采用参股或并购的方式，则不失为明智之举。

六、分析讨论题

答：参考思路：随着改革开放的深入发展，加快中国银行业的国际化建设是提升中国银行业综合竞争力和融入全球竞争格局的必经之路。2008 年金融危机过后，国际银行业间的力量对比和竞争格局已经发生了改变，以往的经验显示，发生全球或区域性的金融危机后，商业银行进入国外市场的可能性大大增加。一方面，遭受危机后的大型商业银行的金融资产价值往往被低估，由此会降低中资银行进行海外并购等活动的成本；另一方面，金融危机的冲击也可能会削弱东道主国家人民对外来银行的排斥心理，进一步降低海外收购的文化风险。因此，在金融全球一体化大趋势下的后金融危机时代，中国商业银行面临着难得的国际化发展机遇。

随着经济全球化和全球金融市场一体化的逐步深化，中国的银行业必须适应这种时代潮流的发展，创造条件积极参与到国际银行业服务市场的竞争之中。与欧美发达国家同业相比，中国银行业国际化总体上仍处于起步阶段，只有采取渐进方式逐步积累经验，才能稳健地走向国际市场。

但是我们也应该看到，银行业是一个具有高度专业化要求的资金、知识密集型行业，而国际业务则要求更高的实务操作能力和风险管理能力。同时，银行国际化将使交易平台由国内扩展到国外，错综复杂的国际金融市场充满了未知数和不可预见的风险性。

鉴于国内银行业国际业务运作能力还不够成熟，对外部经营环境的适应需要一个长期的过程，所以在海外的市场拓展要稳妥地进行，选择合适时机向外“渗透”，不可急于求成。所以，银行国际化一方面需要积极练好“内功”，加快银行公司治理架构的改革以及基于数据大集中的流程银行建设，强化金融创新与全面风险管理能力，提高银行的整体服务效率；另一方面也需要培育和积累大批既懂得国际金融业务，又懂得国际惯例及法律的国际金融人才，并建立一套行之有效的人才使用与激励机制。

其他观点言之有理即可。

第十章 国际收支

第一部分 背景资料

一、学习准备

目前全球国际收支失衡是一个在世界范围内引起广泛关注的话题，其对世界经济和各国经济的发展均带来了深远影响。20 世纪 90 年代以来，全球范围内的国际收支失衡主要表现为国际收支中美国、澳大利亚、英国等国的经常项目逆差的不断增加和中国等新兴经济体、日本、德国、石油输出国等国的经常项目顺差的不断增加。

请思考下列问题：影响未来全球经济和中国经济的国际收支失衡是如何产生的？日益严重的失衡将给全球经济和世界各国带来怎样的风险？它将在世界各国引发什么样的矛盾与冲突？全球国际收支失衡是否可持续？各国应如何制定相应的政策以解决全球国际收支失衡？处在全球经济失衡格局中的中国即将面临什么样的挑战？如何应对？

二、学习目的和要求

本章主要是就国际收支及和其相关的外债管理和国际储备管理进行分析与说明，核心问题是国际收支平衡表与国际收支理论、外债管理方法和国际储备管理方法。具体地说，需要理解和掌握以下知识点：

（1）掌握国际收支平衡表的编制方法和各项分类内容；

（2）了解外债与国际收支平衡之间的关系、外债管理的内容和方法；

（3）了解国际储备的特征与构成、国际储备与国际收支平衡之间的关系、国际储备管理的内容和方法；

（4）学习价格-现金流动机制、弹性分析法、吸收分析法、货币分析法等主要国际收支理论的核心内容。

三、知识准备

会计学、统计学及宏观经济学相关知识。

四、学习拓展

● **相关网站**

■ 国家外汇管理局网站 http://www. safe. gov. cn/

■ 中国人民银行网站 http://www. pbc. gov. cn/

■ 世界银行网站 http://www. worldbank. org/

■ 国际货币基金组织网站 http://www. imf. org/

● **参考文献**

J 曲线效应：

Magee, S. , 1973, "Currency Contracts, Pass-through, and Devaluation", Brookings Paper on Economic Activity

国际收支的吸收分析法：

Alexander, S. S. , 1959, "A Simplified Synthesis of Elastic Ties and Absorption Approaches", *American Economic Review* 49

国际收支的弹性分析方法：

Bicker Dike, C. F. , 1920, "The Instability of Foreign Exchange", *Economic Journal* 30, March

马歇尔-勒纳条件：

Marshall, A. , 1923, *Money*, *Credit and Commerce*, London: Macmillan

货币贬值的吸收方法：

Alexander, S. , 1952, "Effects of Devaluation on A Trade Balance", *International Monetary Fund Staff Paper* 2

货币贬值的货币方法：

Mundell, R. A. , 1971, "Monetary Theory", pacific palisades: Good year

第二部分　练习题

一、本章要义

练习说明：请结合学习情况在以下段落空白处填充适当的文字，使上下文合乎逻辑。

国际收支，是指一个国家或地区与世界上其他国家或地区之间，由于（1）________、（2）________和（3）________而引起国家间资金移动，从而发生的一种国家间的（4）________收支行为。

按照《国际收支手册》（第六版）的规定，国际收支平衡表的标准组成部分是：（5）________以及（6）________两大账户。除此之外，各国编制的国际收支平衡表往往会设置误差和遗漏项目。国际收支平衡表中，除了误差和遗漏项目之外，其余所有项目都代表着实际的交易活动。按照交易主体和交易目的，这些实际发生的国际交易活动可分为(7)________和（8）________两种不同类型。

尽管导致一国国际收支失衡的原因可能多种多样，因具体国家具体时期而异，但是从宏观经济角度来看，大体上可以概括为（9）________、（10）________、（11）________和（12）________四种情况。

国际收支理论研究经历了两个历史时期，其一是早期的主流国际收支理论，它们大多主要考虑贸易收支活动，而忽略（13）________的影响，（14）________、（15）________和（16）________均为主要考虑贸易收支的国际收支理论；其二是20世纪70年代以来形成的（17）________，该理论以国际收支平衡表的（18）________为研究对象，强调国际收支的整体平衡，将研究范围从（19）________扩展到（20）________，将一国对外经济活动从实体经济部门扩大到包含货币部门在内的所有领域。该理论被认为是最接近实际情况的国际收支理论。

外债是在任何给定的时刻，一国居民所欠（21）________的以外国货币或（22）________为核算单位的具有契约性偿还义务的全部债务。借外债对一国的国际收支状况有重要影响，特别是从发展的角度来看，它影响着一国国际收支发展的前景和趋势。反过来说，国际收支状况也在很大程度上影响着债务活动的周期，表现为贸易顺差可以用来偿还外债的本息。世界银行把债务周期依次划分为（23）________、（24）________、（25）________、（26）________以及（27）________五个阶段。大多数发展中国家处于债务周期的（28）________。外债管理主要包括（29）________和（30）________两个方面，具体来说有外债规模管理、外债结构管理、外债投向管理和外债风险管理。

国际储备是一国货币当局为弥补（31）________、维持本国货币汇率的稳定以及应付各种紧急支付而持有的、为世界各国所普遍接受的资产。与国际储备容易混淆的概念是（32）________。发展到今天，国际储备主要有（33）________、（34）________、

（35）________和特别提款权四种形式，其中（36）________是当今国际储备的主体。

二、重要概念释义选择

练习说明：请从文字框中为下列国际金融术语选择匹配的定义或描述，将对应的字母编号填入空格处。个别术语有可能对应不止一个描述；如果需要，任意描述可以使用多次。

1. 国际收支__________
2. 国际收支平衡表__________
3. 经常项目__________
4. 资本和金融项目__________
5. 直接投资__________
6. 证券投资__________
7. 储备资产__________
8. 误差和遗漏项目__________
9. 经常项目差额__________
10. 基本国际收支差额__________
11. 自主性交易__________
12. 调节性交易__________
13. 储备头寸__________
14. 价格-现金流动机制理论__________
15. 冲销政策__________
16. 马歇尔-勒纳条件__________
17. J曲线效应__________
18. 外贸乘数__________
19. 货币贬值的吸收效应__________
20. 货币贬值的收入效应__________
21. 支出转移政策__________
22. 支出调整政策__________
23. 国际清偿力__________
24. 国际储备适度规模__________
25. 特别提款权（SDRs）__________

A．反映某一经济体的居民单位（直接投资者）对另一经济体的居民单位（直接投资企业）的永久权益，它包括直接投资者和直接投资企业之间的所有交易。
B. 指一个国家或地区与世界上其他国家或地区之间，由于贸易、非贸易和资本往来而引起国际资金移动，从而发生的一种国际资金收支行为。
C. 指按照一定的编制原则和格式，将一国一定时期国际收支的不同项目进行排列组合和对比，以反映和说明该国的国际收支状况的表式。

D. 是古典政治经济学代表人物大卫·休谟于1752年提出的，被视为第一个系统分析国际收支运动规律的理论学说。更重要的是，它在一百多年后的国际金本位制度（1880—1914）下受到广泛推崇和运用，达到鼎盛时期。
E. 是国际货币基金组织为了解决国际储备不足问题，于1969年在国际货币基金组织第24届年会上创设的新的国际储备资产，实质上是补充原有储备资产的一种国际流通手段。
F. 本币贬值通过改变国内外商品相对价格并诱发进出口数量调整而引起国民收入总量的倍数变动。
G. 主要是指各类微观经济主体（如进出口商、金融机构或居民个人等）出于自身的特殊目的（比如追求利润、减少风险、资产保值、逃税避税、逃避管制或投机等）而进行的交易活动。这种交易活动体现的是微观经济主体的个体利益，具有自发性和分散性的特点。
H. 目的在于将国内外支出最大限度地转移到国内产品上，以增加本国收入。包括汇率政策、贸易管制政策等。
I. 出口具有与国内投资同样的增加国民收入总量的效应，并在边际储蓄倾向、边际进口倾向的影响下，经过国民经济各环节的传导，致使由此而产生的国民收入变动金额数倍于出口的初始变动额。
J. 包括某一经济体的货币当局认为可以用来满足国际收支和在某些情况下满足其他目的的各类资产的交易，它所涉及的项目包括货币化黄金、特别提款权、在基金组织的储备头寸、外汇资产等。
K. 是指对资产所有权在国家间流动行为进行记录的账户，它由资本项目和金融项目两部分组成。
L. 指以贬值手段改善贸易收支逆差的充分条件在于：进出口商品的需求弹性之和大于1。
M. 本币贬值除直接引起国内总支出发生变化外，还通过国民收入总量的变动引致支出改变。
N. 该项目变动情况反映的是官方部门的国际交易活动，由于往往是出于对冲私人部门国际交易影响的目的而发生，也被称为平衡项目，编制国际收支平衡表时会单独列示。
O. 一国货币对外贬值后，国际收支状况在初期将进一步恶化，经过一段时间，贸易收入才会增加，使国际收支状况得到改善。
P. 是国际货币基金组织分配给成员国的在原有的一般提款权以外的一种资金使用权利。
Q. 由于各种原因，官方统计所得到的经常项目、资本和金融项目两者之间实际上并不能真正达到平衡，从而导致国际收支平衡表的借方总额与贷方总额之间往往存在差额。因此，设立该项目，以该项目的数字来抵补前面所有项目借方和贷方之间的差额，从而使借贷双方最终达到平衡。
R. 包括闲置资源效应、贸易条件效应和资源配置效应。

S. 由现金余额效应、收入再分配效应和货币幻觉效应等构成。
T. 等于经常账户差额加长期资本移动差额，基本国际收支差额往往被视为判断一国国际收支是否平衡的重要指标。
U. 一国一定时期国际储备的水平，即现有储备量及由各种因素决定的国际储备的供给，足以满足该国一定时期对国际储备的需求。
V. 是一国货币当局为弥补国际收支逆差、维持本国货币汇率的稳定以及应付各种紧急支付而持有的、为世界各国所普遍接受的资产。
W. 指该国在国际货币基金组织的储备档头寸加上债权头寸。
X. 包括股票和债券的交易，债券又可以进一步细分为期限在一年以上的中长期债券、货币市场工具和其他衍生金融工具。
Y. 是一国政府在国际经济活动中所能动用的一切外汇资源的总和。
Z. 等于货物、服务和收入差额加单方转移收支差额。
a. 一国储备规模应介于经常储备量和保险储备量之间，过少则不能维持正常生产所需的进口，过多则完全没有必要。
b. 是确定一国的中长期和年度合理负债水平。负债过多会超过本国的承受能力和消化吸收能力，造成不必要的风险和浪费；而借款过少又难以满足国内建设的资金需求，造成国民经济发展的缓慢。
c. 也称中和政策，特指一国中央银行为了防止因外汇储备变化引起基础货币投放而进行的资金运用的反向操作，从而抵消对内部经济运行的不利影响。常见的方法包括调整国内信贷和公开市场业务等。
d. 是指该国无须采取任何影响本国经济正常运行的特别调节措施即能平衡国际收支逆差和维护其汇率的总体能力。
e. 通过调整本国居民的投资和消费支出来调节国际收支不平衡，包括货币政策、财政政策、收入政策等。
f. 国际收支平衡表标准组成部分之一，由货物和服务、收入、经常转移支付等内容构成。
g. 指货币当局出于调节国际收支差额、维护国际收支平衡、维持本币汇率稳定等目的而进行的各种交易，也称弥补性交易，具有集中性和被动性的特点。

三、判断对错

练习说明：判断下列表述是否正确，并在对（T）或错（F）上画圈。

T　F　1. 国际收支，是指一个国家或地区与世界上其他国家或地区之间，由于贸易、非贸易和资本往来而引起国际资金移动，从而发生的一种国际资金收支行为。

T　F　2. 单一记账货币原则，指所有记账单位要折合为同一种货币。记账货币只能是美元。比如，我国国际收支平衡表的记账货币是美元，美国国际收支平衡表的记账货币也是美元。

T　F　3. 国际收支≠外汇收支，不过宏观经济分析中往往以外汇收支作为国际收支的替代指标。

T F 4. 如果每一笔对外经济交易活动都能够准确、及时地在国际收支平衡表中得到反映，那么，由于复式记账原则要求同时在借方和贷方记入相同金额，所以国际收支平衡表的借方总额和贷方总额应当始终是相等的。

T F 5. 一国的对外支出就是其他相关国家得自该国的收入，反之亦然。因此，以整个世界而言，所有国家国际收支的总和应该是平衡的。

T F 6. 国际收支平衡表考察的是“流量”而不是“存量”，记录的是一定时期内的发生额而不是某个时点的持有额，所以国际收支平衡表≠国家资产负债表。国际收支平衡表所表示的，是一国在一定时期内从国外接受的资金或资产和对国外所支付的资金或资产，并不是特定时点上一国所持有的外国资产和对外负债总额。

T F 7. 国际收支平衡表是指按照一定的编制原则和格式，将一国一定时期国际收支的不同项目进行排列组合，进行对比，以反映和说明该国的国际收支状况的表式。国际收支平衡表是对一个国家一定时期内发生的国际收支行为的具体的、系统的统计与记录。国际收支平衡表是反映一国对外经济发展、偿债能力等关键信息的重要文件，也是各国制定开放经济条件下宏观经济政策的基本依据。

T F 8. 在分配的特别提款权及误差和遗漏为零的前提下，基本国际收支差额的顺差或逆差意味着官方储备资产相对应的变化。

T F 9. 国际收支平衡表中所有项目都代表着实际的交易活动。

T F 10. 调节性交易主要是指各类微观经济主体（如进出口商、金融机构或居民个人等）出于自身的特殊目的（比如追求利润、减少风险、资产保值、逃税避税、逃避管制或投机等）而进行的交易活动。这种交易活动体现的是微观经济主体的个体利益，具有自发性和分散性的特点。

T F 11. 由于存在统计误差，以及人为因素造成的瞒报、漏报、错报等情况，国际收支经常不平衡。但在编制国际收支平衡表时，由于专门设置了储备资产变动及误差和遗漏两个项目，各国的国际收支平衡表永远都是平衡的。但国际收支平衡表的账面平衡，并不等于说该国的国际收支就是平衡的。

T F 12. 自主性交易是指中央银行或货币当局出于调节国际收支差额、维护国际收支平衡、维持本国货币汇率稳定等目的而进行的各种交易，也称弥补性交易。这类交易活动由政府出面实现，体现了一国政府的意志，具有集中性和被动性的特点。

T F 13. 衡量一国国际收支平衡与否的标准，就是要看其调节性交易是否达到了平衡。

T F 14. 经济发展过程总是表现出周期性波动的特征，在经济周期的不同阶段，个人和企业的收入相应变化，企业生产也随之变化，从而导致社会总需求和总供给变化，通过对进出口的影响，致使国际收支发生不平衡。这种由经济的周期性变化而导致的国际收支失衡，称为周期性不平衡。

T F 15. 一国如果不能及时调整生产结构和出口商品结构，不适应国家间对某些商品的生产和需求的变动，也会引起贸易差额和国际收支差额的剧烈波动。这种由经济结构决定的国际收支不平衡称为结构性不平衡。

T F 16. 国民收入对国际收支的影响可以分别从贸易支出和非贸易支出两个角度进行分析。一方面，收入决定储蓄和消费，自然也就影响到进口需求。当国民收入提高时，进口支出随之增加，容易出现经常账户逆差。另一方面，收入影响投资，从而引起国际资本流动。因为在国民收入提高的同时，对外投资相应增加，结果，资本流出很可能致使国际收支出现逆差。这种由国民收入变化而引起的国际收支不平衡，称为收入性不平衡。

T　F　17. 在间接标价法下，若汇率上升，表明本币对外贬值，有利于出口，不利于进口，从而可以改善经常账户收支。

T　F　18. 由收入变化和币值波动引起的国际收支不平衡一般具有长期性和持久性特征，也称为持久性不平衡；由经济周期和经济结构引起的国际收支不平衡往往只是暂时性的。

T　F　19. 休谟创造性地运用货币数量论来分析国际收支，提出自动调节机制论，认为国际收支可以自动实现平衡。

T　F　20. 价格-现金流动机制理论认为进出口变动完全取决于物价水平，需假设实现自由贸易，进出口具有完全价格弹性，同时生产能力已达到充分就业水平。

T　F　21. 休谟主张通过内生经济力量，使货币按真实需要在各国均衡分配，这实际上就剥夺了各国采取独立货币政策的权利，所以很难得到政策制定者的赞同。

T　F　22. 马歇尔-勒纳条件是指以贬值手段改善贸易收支逆差的充分条件在于：进出口商品的需求弹性之和大于1。

T　F　23. 根据弹性分析理论，由于绝大多数情况下国际收支都处于失衡状态，即初始状态并非国际收支均衡，则本币贬值能否改善国际收支不仅取决于初始国际收支失衡的方向，也取决于失衡的程度。

T　F　24. 弹性分析理论正式将国际收支提升到宏观经济政策目标的行列，首次建立了国际收支与国民收入各决定变量间的数量关系，是对凯恩斯宏观经济分析的发展与完善，为开放经济宏观政策选择提供了理论依据。

T　F　25. 吸收分析理论认为国际收支不平衡的根本原因是总收入与总支出的总量失衡。只要一定时期的总收入大于总吸收，该国就会出现国际收支顺差；相反，只要总收入小于总吸收，就会出现国际收支逆差。

T　F　26. 外汇储备的合理规模与汇率制度和汇率政策的选择有关。如果一国实行钉住汇率制，严格维持固定汇率比实行浮动汇率、允许汇率经常或者大幅度波动的做法需要更少的外汇储备。

T　F　27. 弹性分析理论认为，若国民收入及国内价格水平不变，当进出口供求弹性满足马歇尔-勒纳-罗宾逊条件时，本币贬值对国际收支的调节主要通过改变国内外相对价格并诱发进出口数量调整而实现。认为贬值对国际收支的调节机制由收入效应和吸收效应两部分构成。

T　F　28. 吸收分析理论认为，当经济尚未实现充分就业、资源配置尚未优化、吸收倾向小于1时，贬值的吸收效应较为显著。反之，若经济已经达到充分就业、资源完成优化配置且吸收倾向大于1，则贬值主要引起收入效应。

T　F　29. 收入再分配效应的作用机制是本币贬值→国内物价总水平上涨→国民收入向利润收入者及政府部门转移→吸收倾向下降→吸收总量减少→国际收支改善。

T　F　30. 根据国际收支吸收理论的观点，如果某个国家发生了国际收支特别是贸易收支不平衡，一定是由于该国的市场总供求失衡。

T　F　31. 支出转移政策，目的在于将国内外支出最大限度地转移到国内产品上，以增加本国收入。

T F 32. 货币学派更加支持固定汇率制。

T F 33. 在货币分析理论看来，固定汇率制下应以汇率变动作为调节国际收支的主要工具。

T F 34. 货币分析理论认为，当人们对货币的需求增加，或者货币当局限制国内信贷，造成货币需求大于货币供给时，这部分超额货币需求将通过外国货币的流入得到满足，从而引起国际收支顺差。反之，当一国居民的货币需求减少，或者货币当局因政策需要而放松国内信贷，造成货币需求小于货币供给时，超额货币供给必然流向国外，导致国际收支逆差。

T F 35. 我国对外债的定义和世界银行的定义是一致的。

T F 36. 外债按优惠情况划分，一般可分为硬贷款和软贷款。

T F 37. 成熟的债务人的特点是贸易逆差，利息支付净流出，净资本流入，债务上升。

T F 38. 按照国际惯例，短期外债占外债总额的比例控制在30%以下。

T F 39. 国际储备和国际清偿力是一个概念、两种说法。

T F 40. 今天国际储备主要有四种形式，即黄金储备、外汇储备、在国际货币基金组织的储备头寸、在国际货币基金组织的特别提款权。

T F 41. 任何一个国家的货币都可以充当外汇储备。

T F 42. 作为储备资产的黄金是一国货币当局持有的货币黄金的总额，所以一国货币当局持有的全部黄金都可以充当国际储备资产。

T F 43. 储备档头寸是指成员国以储备资产（黄金、外汇、特别提款权）向国际货币基金组织认缴的那部分资金，其额度占国际货币基金组织分配给该国配额的25%。

T F 44. 特别提款权是一种以黄金保值的记账单位，能直接用于国际贸易支付和结算，也能直接兑换成黄金。

T F 45. 一国国际储备的数额在一定时期内总是有限的，因而其调节国际收支逆差的力度和周期也是有限度的，不能指望它从根本上解决国际收支逆差。

四、不定项选择

练习说明：以下各题备选答案中有一个或一个以上是正确的，请将正确答案的字母编号填入括号内。

1. 国际储备的基本作用，主要有（ ）。
   A. 可以维持一国的国际支付能力，调节临时性的国际收支不平衡
   B. 可以从根本上解决国际收支逆差
   C. 干预外汇市场，维持本国汇率稳定
   D. 是一国向外举债和偿债能力的保证
   E. 上述都不正确
2. 影响国际储备适度规模的因素是（ ）。
   A. 一国国际储备的范围及其在国际货币体系中的作用
   B. 一国国际融资能力的大小及其所处的国际环境

C. 一国对汇率制度和汇率政策的选择
D. 一国在特定时期的经济发展目标
E. 持有国际储备的机会成本

3. 国际储备必须具备的性质有（　　）。
A. 流动性　　B. 安全性
C. 盈利性　　D. 上述都正确

4. 外汇储备管理主要涉及以下几个方面：（　　）。
A. 外汇储备数量及其在储备总额中的比重的控制
B. 外汇储备的结构安排，包括储备货币的币种选择及其在储备中所占比重的确定
C. 储备资产的投资决策
D. 对外借款的管理

5. 国际收支平衡表编制原则有（　　）。
A. 复式记账原则　　B. 权责发生制原则
C. 市场价格原则　　D. 多种记账货币原则
E. 只有 A 与 B 正确

6. 以下描述错误的有（　　）。
A. 国际收支平衡表≠国家资产负债表
B. 国际收支＝外汇收支
C. 国际收支平衡表考察的是“存量”而不是“流量”
D. 国际收支平衡表具有自动平衡功能

7. 经常项目主要包括（　　）。
A. 货物和服务　　B. 初次收入账户　　C. 支出　　D. 二次收入账户

8. 资本和金融项目包括（　　）。
A. 直接投资　　B. 证券投资
C. 储备资产　　D. 误差和遗漏项目

9. 出现误差和遗漏项目的原因是（　　）。
A. 由于某些交易项目属于跨年度性的，从而导致统计口径不一致
B. 编制国际收支平衡表的原始资料来自各个方面，在这些原始资料上，当事人为了各种原因，故意改变、伪造或压低某些项目的数字，造成资料失实或收集资料不齐
C. 短期资本的国际流动，由于其投机性非常强，流入流出异常迅速，且为了逃避外汇管制和其他官方限制，常采取隐蔽的形式，超越正常的收付渠道出入国境，因此很难得到其真实资料
D. 只有 A 与 B 正确
E. 上述都正确

10. 国际收支平衡表的差额主要包括（　　）。
A. 贸易收支差额　　B. 经常项目差额
C. 基本国际收支差额　　D. 商品、服务和收益差额

11. 一国国际收支失衡的原因可能多种多样，因具体国家具体时期而异，但是从宏观

经济角度来看，大体上可以概括为（　　）。

A. 经济周期变化的影响　　B. 经济结构的制约

C. 国民收入变化的影响　　D. 货币币值波动的影响

12. 国际收支理论主要有（　　）。

A. 吸收分析理论　　B. 贸易乘数理论

C. 价格-现金流动机制理论　　D. 弹性分析理论

E. 货币幻觉理论

13. 马歇尔-勒纳条件是指以贬值手段改善贸易收支逆差的充分条件在于：进出口商品的需求弹性之和大于1。不是其假设前提的是（　　）。

A. 国内外商品都具有无限供给弹性

B. 以国际收支平衡为初始状态

C. 其他条件不变，只考察汇率变动对进出口的影响

D. 以国际收支不平衡为初始状态

14. 根据吸收分析理论，货币贬值能否有效地调节国际收支，主要由以下因素共同决定：（　　）。

A. 贬值对收入的直接影响 ΔY　　B. 经常项目差额

C. 贬值后收入对吸收的引致程度，取决于边际吸收倾向 α

D. 只有 A 与 B 正确　　E. 上述都包括

15. 以下描述正确的有（　　）。

A. 闲置资源效应：本币贬值→出口增加，进口减少→闲置资源启用→通过外贸乘数作用，国民收入成倍增长→国际收支改善

B. 资源配置效应：本币贬值→贸易条件恶化→实际国民收入下降→吸收减少→进口减少，出口增加→国际收支改善

C. 收入再分配效应：本币贬值→国内物价总水平上涨→国民收入向利润收入者及政府部门转移→吸收倾向下降→吸收总量减少→国际收支改善

D. 货币幻觉效应：本币贬值→国内物价总水平上涨→手持现金余额增加→消费减少→商品与劳务进口下降→贸易收支改善

E. 现金余额效应：本币贬值→由进口品开始国内物价轮番上涨→出现货币幻觉→消费与投资下降→吸收总量减少→国际收支改善

16. 货币分析理论认为，货币供给是国际收支调节的最终力量和根本力量。可供选择的国际收支调节方法大致有（　　）。

A. 调整国内价格　　B. 实行外汇管制

C. 增加或减少国际储备　　D. 调整汇率

17. 世界银行把债务周期划分为几大阶段，分别是（　　）。

A. 不成熟的债务人　　B. 成熟的债务人

C. 向债权国转化　　D. 不成熟的债权人

E. 成熟的债权人

18. 外债规模的影响因素有（　　）。

A. 本国对外债的承受能力　　B. 经济建设对外债的需求量

C. 国际资本市场的可供量
D. 商品、服务和收益差额

19. 外债结构管理包括（　　）。
A. 融资结构管理
B. 期限结构管理
C. 利率结构管理
D. 市场与国别结构管理
E. 币种结构管理

20. 经常项目差额加长期资本移动差额习惯上被称为（　　）。
A. 基本国际收支差额
B. 经常项目差额
C. 贸易收支差额
D. 商品、服务和收益差额

21. 国际收支货币分析法的局限性主要表现在（　　）。
A. 货币并非国际收支失衡及其调节的唯一因素
B. 假定货币需求具有稳定性，从而视货币供给为决定国际收支的唯一力量
C. 对国际收支长期均衡分析的结论，在很大程度上依赖于一价定律或购买力平价假设。但由于运输成本、贸易障碍、关税以及信息不完全等因素的存在，现实经济生活中其实无法认定一价定律的绝对成立
D. 只有 B 与 C 正确
E. 上述都包括

五、问答题

练习说明：请根据学习内容回答下列问题，计算题应给出过程和答案。

1. 国际收支平衡表的编制原则是什么？
2. 国际收支平衡表为什么能够自动实现平衡？
3. 如何判断一个国家的国际收支是否平衡？
4. 如何评价人民币加入特别提款权货币篮子？
5. 哪些因素可能引起国际收支不平衡？
6. 了解中国外债管理和外汇储备管理的基本情况。你有何评价？
7. 如果一国的边际吸收倾向小于 1，货币贬值将通过怎样的机制调节国际收支逆差？
8. 为什么说国际收支是一个货币问题？通过货币数量控制调节国际收支失衡的依据是什么？政策实践中存在哪些问题？
9. 什么是世界银行的五阶段债务周期？
10. 不同储备资产的流动性、安全性和盈利性是否一样？试通过外汇储备与黄金储备的对比加以说明。
11. 简要指出国际储备和国际清偿力两个概念之间的差别。
12. 一国政府为什么要保持一定规模的国际储备？

六、分析讨论题

1. 阅读下列材料并分析讨论。

20 世纪 70 年代，许多拉美国家或是依靠本身拥有丰富的石油或其他矿产资源，或是

由于经济持续多年一直处于高速增长状态，便开始大肆举借外债，企图借用外资在短期内实现现代化。然而到 80 年代初，在诸多因素的作用下却爆发了一场空前严重的债务危机。

70 年代拉美国家举借外债规模之大、增长之迅速，已远非这些国家的经济实力和国力所能承受，而且许多国家对外债管理失当，负债率和偿债率过高，过多地把外债用于周期长、收效慢或非生产性工程，有些国家甚至将其用于战争和购买军火，从而使借来的资金不能及时创造偿债能力。再加上许多拉美国家国内产业结构不合理，市场机制不发达，体制不灵活，外债的使用不能发挥最大的经济效应，结果到 80 年代初期，终于引发了一场空前严重、持续时间很长并对世界经济造成重大影响的债务危机。

1982 年 8 月 12 日，墨西哥因外汇储备已下降至危险线以下，无法偿还到期的公共外债本息（268.3 亿美元），不得不宣布无限期关闭全部汇兑市场，暂停偿付外债，并把国内金融机构中的外汇存款一律转换为本国货币。墨西哥的私人财团也趁机纷纷宣布推迟还债。继墨西哥之后，巴西、委内瑞拉、阿根廷、秘鲁和智利等国也相继发生还债困难，纷纷宣布终止或推迟偿还外债。这就是当时震撼世界金融业的拉美债务危机。

债务危机对拉美国家造成了极大的危害和一系列严重的后果：大量资金流向国外，国际收支更趋恶化，资本、货物、能源和原材料的进口大幅度下降，经济发展速度严重受挫，通胀率猛升。

整个 80 年代，拉美地区的国内生产总值年均增长率仅为 1.1%，个别年份甚至出现负增长，工业产值年增长率只有 0.5%，人均收入下降 10%，除个别年份外，通胀率一直保持 3 位数，1990 年甚至高达 1 491.5%。

拉美债务国为此而付出的代价是整整“停滞的十年”或“失去的十年”。

分析讨论：

拉美债务危机和近期发生的欧债危机相比有什么异同？这两次危机给我国带来发展道路上的什么经验和启示？

2. 不同学者对我国外汇储备规模和结构是否合理持不同甚至相反的意见。金融危机与欧洲主权债务危机对我国外汇储备的规模和结构会有什么影响？查阅相关资料并表明你的看法。

3. 根据你的观察，我国近年来采用什么样的国际收支调节政策？效果如何？我国的实际情况与你所学到的各种国际收支调节理论相比，在前提和运用方面存在怎样的异同？

第三部分 参考答案

一、本章要义

（1）贸易　　（2）非贸易

（3）资本往来　　（4）资金

(5) 经常项目
(6) 资本和金融项目
(7) 自由性交易
(8) 调节性交易
(9) 经济周期变化的影响
(10) 经济结构的制约
(11) 国民收入变化的影响
(12) 货币币值波动的影响
(13) 资本流出入
(14) 价格-现金流动机制理论
(15) 弹性分析理论
(16) 吸收分析理论
(17) 国际收支货币分析理论
(18) 线下项目（平衡项目）
(19) 经常项目
(20) 资本项目
(21) 非居民
(22) 本国货币
(23) 不成熟的债务人
(24) 成熟的债务人
(25) 向债权国转化
(26) 不成熟的债权人
(27) 成熟的债权人
(28) 第一阶段
(29) 外债的借入
(30) 外债的使用
(31) 国际收支逆差
(32) 国际清偿力
(33) 黄金储备
(34) 外汇储备
(35) 储备头寸
(36) 外汇储备

二、重要概念释义选择

1. B
2. C
3. f
4. K
5. A
6. X
7. J、N
8. Q
9. Z
10. T
11. G
12. g
13. W
14. D
15. c
16. L
17. O
18. I
19. M、S
20. F、R
21. H
22. e
23. Y、d
24. U、a
25. E、P

三、判断对错

TFTTF TTFFF TFFTT TFFTT TTTFT
FTFTT TFFTF TFFFT FFTFT

四、不定项选择

1. ACD
2. ABCDE
3. ABCD
4. ABCD
5. ABC
6. BCD
7. ABD
8. ABC
9. ABC
10. ABCD
11. ABCD
12. ACD

13. D　14. ABC　15. AC　16. ABCD
17. ABCDE　18. ABC　19. ABCDE　20. A
21. ABC

五、问答题

1. 答：国际收支平衡表是按照一定的编制原则和格式，将一国一定时期国际收支的不同项目进行排列组合，进行对比，以反映和说明该国的国际收支状况的表式。其编制原则包括：

（1）复式记账原则。指任何一笔国际经济交易都应在借贷双方同时反映。由于复式记账原则要求同时在借方和贷方记入相同金额，所以国际收支平衡表的借方总额和贷方总额应当始终是相等的。

（2）权责发生制原则。指交易的记录时间应以所有权转移为标准。这同样也是基本的会计原则。

（3）市场价格原则。指按照交易的市场价格记录。

（4）单一记账货币原则。指所有记账单位要折合为同一种货币。记账货币可以是本国货币，也可以是其他国家货币。

2. 答：由于复式记账原则要求同时在借方和贷方记入相同金额，所以国际收支平衡表的借方总额和贷方总额应当始终是相等的。但实际上，由于存在统计误差，以及人为因素造成的瞒报、漏报、错报等情况，官方统计所得到的经常项目、资本和金融项目两者之间实际上并不能真正达到平衡，从而导致国际收支平衡表的借方总额与贷方总额之间往往存在差额。然而国际收支平衡表设立了一个误差和遗漏项目，以此项目的数字来抵补前面所有项目借方和贷方之间的差额，从而使借贷双方最终达到平衡。当官方统计结果借方大于贷方时，两者之间的差额就记误差和遗漏项目的贷方，前面以“+”号标识；当官方统计结果贷方大于借方时，两者之间的差额就记误差和遗漏项目的借方，前面以“-”号标识。正因为误差和遗漏项目的存在，国际收支平衡表才能够自动实现平衡。

3. 答：国际收支平衡表中，除了误差和遗漏项目之外，其余所有项目都代表着实际的交易活动。按照交易主体和交易目的，这些实际发生的国际交易活动可以分为自主性交易和调节性交易两种不同类型。

（1）自主性交易主要是指各类微观经济主体（如进出口商、金融机构或居民个人等）出于自身的特殊目的（比如追求利润、减少风险、资产保值、逃税避税、逃避管制或投机等）而进行的交易活动。这种交易活动体现的是微观经济主体的个体利益，具有自发性和分散性的特点。

（2）调节性交易是指中央银行或货币当局出于调节国际收支差额、维护国际收支平衡、维持本国货币汇率稳定等目的而进行的各种交易，也称弥补性交易。这类交易活动由政府出面实现，体现了一国政府的意志，具有集中性和被动性的特点。

调节性交易只是在自主性交易出现缺口或差额时，由货币当局被动地进行的一种事后弥补性的对等交易，是为了弥补自主性交易不平衡而人为做出的努力。所以衡量一国国际收支平衡与否的标准，就是要看其自主性交易是否达到了平衡。基本国际收支差额往往成为判断一国国际收支是否平衡的重要指标。

4. 答：国际货币基金组织（IMF）宣布启用包括中国人民币在内的新的特别提款权（SDR）货币篮子，并宣布决定新定值期内特别提款权价值的新货币量。此举标志着人民币正式成为国际性货币，是人民币国际化的里程碑。

（1）人民币的加入反映了中国货币、外汇和金融体系改革取得的进展，意味着中国在放开和改善其金融市场基础设施方面取得的成就获得认可，也在一定程度上反映了我国综合国力的增强。在具备适当保障的情况下，这些举措的继续和深化将使国际货币和金融体系更加强健，进而有利于中国经济以及全球经济的稳定和增长。

（2）对于经济发展而言，人民币加入 SDR，将有助于人民币在多边使用、国际投融资、跨境资产配置和国际货币体系建设等方面的突破，进一步加快人民币国际化的地位。在商品贸易领域，中国企业参与国际贸易将变得更加方便；在货币二级市场上，比如人民币离岸业务的在岸交易中心和离岸交易中心，愿意用人民币进行买卖交易的中介增多。人民币在国际贸易和结算的货币二级市场上交易量将增大；在货币一级市场上，发行人在国际市场上发行证券资产和股票资产时，将更加便利；在零售市场上，货币结算将更加便捷。

（3）人民币加入 SDR，意味着人民币资本项目放开的进程将加快以及央行对人民币的汇率干预将减少，世界各国对于人民币的话语权影响将增大，这将对国内经济及金融稳定带来挑战。

5. 答：尽管导致一国国际收支失衡的原因可能多种多样，因具体国家具体时期而异，但是从宏观经济角度来看，大体上可以概括为下列几种情况。

（1）周期性不平衡。如果承认经济发展过程总是表现出周期性波动的特征，就应当注意到，在经济周期的不同阶段，个人和企业的收入相应变化，企业生产也随之变化，从而导致社会总需求和总供给变化，通过对进出口的影响，致使国际收支发生不平衡。

（2）结构性不平衡。各个国家的地理环境、资源分布、技术水平、劳动生产率等经济条件各不相同，形成了各自的经济布局和产业结构，进而形成各自的进出口商品结构。其中，进口结构要适应国内经济发展和市场需求，从而实现贸易支出稳定增长。否则容易引起进口数量大起大落，造成贸易外汇支出的剧增或锐减。而出口结构则要适应国际市场的需求，否则外贸收入将会下降。换言之，一国如果不能及时调整生产结构和出口商品结构，不适应国家间对某些商品的生产和需求的变动，也会引起贸易差额和国际收支差额的剧烈波动。

（3）收入性不平衡。国民收入对国际收支的影响可以分别从贸易支出和非贸易支出两个角度进行分析。一方面，收入决定储蓄和消费，自然也就影响到进口需求。当国民收入提高时，进口支出随之增加，容易出现经常账户逆差。另一方面，收入影响投资，从而引起国际资本流动。因为在国民收入提高的同时，对外投资相应增加，结果，资本流出很可能致使国际收支出现逆差。

（4）货币性不平衡。在现代信用货币制度下，货币价值波动已经成为经济中的一种常态。衡量一种货币的价值，可以分为对内、对外两种情况。货币的对内价值，指单位货币的购买力在数量上等于价格指数的倒数。如果国内存在通货膨胀预期，则物价将上升，本币将对内贬值。这意味着出口商品的成本上升，国际竞争力下降；进口商品则显现出相对价格优势，有利于扩大进口，从而恶化了经常账户收支。汇率是货币对外价值的指标。在直接标价法下，若汇率上升，表明本币对外贬值，有利于出口不利于进口，从而可以改善经常账户收支。同样应当看到，国内外相对利率水平的变动可以引起资本流出入，致使国际收支差额发生变化。

由经济周期和经济结构引起的国际收支不平衡一般具有长期性和持久性特征，也被称为持久性不平衡；由收入变化和币值波动引起的国际收支不平衡往往只是暂时性的。显然，对于不同类型的国际收支不平衡，政策当局的立场以及应对措施都会有所不同。

6. 外债的结构和水平是外汇交易基本面分析的重要因素之一。如果一个国家对外有负债，必然要影响外汇市场；如果外债的管理失当，其外汇储备的抵御力将要被削弱，对货币的稳定性会带来冲击。从国际经验看，在外债管理失当导致汇率波动时，受冲击货币的汇率常常被低估。低估的程度主要取决于经济制度和社会秩序的稳定性。而若一国的短期外债居多，那将直接冲击外汇储备。

我国的外债管理目标是在保证外债适度规模的情况下，积极有效地利用国内外各种途径的资金，以满足国内经济建设对资金的需求，同时保持合理的债务规模和债务结构，有效地防范和控制债务风险，最大限度地发挥外债的经济效用以促进国民经济稳定增长。整体而言，我国的外债管理呈现出计划管理、分工管理和登记管理几个方面。

我国外汇储备管理的原则为：保持外汇储备的货币多元化，以分散汇率变动的风险；根据进口商品、劳务和其他支付需要，确定各种货币的数量、期限结构以及各种货币资产在储备中的比例；在确定储备货币资产的形式时，既要考虑储备资产的收益率，也要考虑流动性、灵活性和安全性；密切注意储备货币汇率的变化，及时或不定期调整不同币种储备资产的比例。

根据国家外汇管理局 2018 年 6 月末的外债数据，截至 2018 年 6 月末，我国全口径（含本外币）外债余额为 18 705 亿美元，总体来看，我国外债结构进一步优化，外汇储备管理取得一定的成果。一是随着我国境内债券市场开放程度的日益扩大，境外机构投资者配置我国境内人民币债券，特别是中长期国债的需求持续增加。据有关统计，截至 2018 年 6 月末，境外机构在我国国债市场中的占比已经达到 7.28%，2018 年以来累计上升 2.31 个百分点，创下历史新高。二是 2018 年二季度我国全口径外债增量的 70%以上是由中长期外债推动的，外债结构得到进一步优化。截至 2018 年 6 月末，我国短期外债与外汇储备的比例为 38%，远低于国际警戒线。

7. 答：国际收支的吸收分析理论认为贬值对国际收支的调节机制由收入效应和吸收效应两部分构成。如果进出口供求弹性满足马歇尔-勒纳-罗宾逊条件，本币贬值将增加出口，减少进口。由外贸乘数理论可知，进出口的这种变动将引起国民收入总量的倍数变动，产生贬值的直接收入效应 ΔY。总收入增加，消费、储蓄、进口则分别根据边际消费倾向、边际储蓄倾向和边际进口倾向不同程度地增加，随着储蓄增量部分或全部地转化为投资，收入增长势必带来消费、投资的增加，这部分引致增加的吸收被定义为贬值的间接吸收效应 $\alpha\Delta Y$，可以部分冲销直接收入效应。因此，本币贬值的国际收支效应完全取决于宏观经济状况、资源配置情况以及本国的吸收倾向。

当经济尚未实现充分就业、资源配置尚未优化、吸收倾向小于1时，贬值的收入效应较为显著，主要包括闲置资源效应、贸易条件效应和资源配置效应。（1）闲置资源效应的作用机制为：本币贬值→出口增加，进口减少→闲置资源启用→通过外贸乘数作用，国民收入成倍增长→国际收支改善。（2）贸易条件效应的作用机制为：本币贬值→贸易条件恶化→实际国民收入下降→吸收减少→进口减少，出口增加→国际收支改善。（3）资源配置效应的作用机制为：本币贬值→出口增加，进口减少→出口生产部门和进口替代部门的利润上升→国内资源重新配置→国民收入提高→国际收支改善。

8. 答：货币分析理论认为，国际收支是本国对外商品贸易、资本流动的货币反映，在形式上是一个毫无疑问的货币问题；更重要的是，国际收支失衡的根本原因在于国内货币需求与货币供给失衡，所以国际收支在本质上也是一个货币问题。当人们对货币的需求增加，或者货币当局限制国内信贷，造成货币需求大于货币供给时，这部分超额货币需求将通过外国货币的流入得到满足，从而引起国际收支顺差。反之，当一国居民的货币需求减少，或者货币当局因政策需要而放松国内信贷，造成货币需求小于货币供给时，超额货币供给必然流向国外，导致国际收支逆差。因而货币供给是国际收支调节的最终力量和根本力量。可供选择的国际收支调节方法包括调节国际储备、调整国内价格、调整汇率及实行外汇管制等。

通过货币数量控制调节国际收支失衡的依据是货币分析理论，其国际收支调节机制如下：（1）货币供给增加→出现超额货币供给→真实货币余额大于意愿持有货币余额→增加消费品和资本品开支→进口增加、出口减少，资本输出增加、输入减少→经常项目和资本项目收支恶化→国际收支恶化。（2）货币供给减少→出现超额货币需求→真实货币余额小于意愿持有货币余额→减少消费品和资本品开支→进口减少、出口增加，资本输出减少、输入增加→经常项目和资本项目收支改善→国际收支改善。

国际收支货币分析法的局限性主要表现在以下四个方面。（1）只注重国际收支最终结果，而忽略了国际收支结构问题。只关注平衡项目的国际收支政策取向，缺乏前瞻性，容易使政府陷入被动局面。（2）货币并非国际收支失衡及其调节的唯一因素，从而政策实施过程中可能忽略某些现实问题。国际收支失衡有可能完全起源于资本市场失衡，并通过资本输出入使国际收支重新平衡，而并不引起外汇储备数量的变化。（3）假定货币需求具有稳定性，从而视货币供给为决定国际收支的唯一力量。如果利率随货币供给的改变而发生大幅度变动，短期内必然影响投资、消费和产出，引起货币需求变动。容易导致政府过分强调长期静态均衡而忽视对短期和中期国际收支调节方式的重视。（4）对国际收支长期均衡分析的结论，在很大程度上依赖于一价定律或购买力平价假设。但由于运输成本、贸易障碍、关税以及信息不完全等因素的存在，现实经济生活中其实无法认定一价定律的绝对成立。按照货币分析理论的建议从事国际收支调节，政策的实际效果与预期效果之间难免出现偏差。

9. 答：世界银行把债务周期划分为五个阶段：第一阶段是不成熟的债务人，这个阶段的特点是贸易逆差，利息支付净流出，净资本流入，债务上升。第二阶段是成熟的债务人，这个阶段的特点是贸易逆差下降，债务按递减速度上升。第三阶段是向债权国转化，这个阶段的特点是债务减少，贸易出现顺差，利息支付净流出减少，净资本流出，净外债下降。第四阶段是不成熟的债权人，其特点是贸易顺差下降，再转为逆差，利息支付的净流出转为流入，资本流出速度下降，外国资产出现净积累。第五阶段是成熟的债权人，贸易逆差，利息支付净流入，净资本流出量减少，净国外资产的头寸缓慢增长或稳定不变。

10. 答：国际储备本质上是一种随时用于对外支付的准备金，在一国国际收支不平衡时用于弥补逆差。国际储备的这一特点决定了它必须具备流动性、安全性、盈利性三个性质。其中流动性是最重要的，安全性仅次于流动性。只有在流动性和安全性都得到充分保证的前提下，才考虑投资的盈利性。不同形式的储备资产在流动性、安全性和盈利性方面的表现各不一样。而且不同的国家在不同的时期，由于不同的经济发展目标，对这三方面也会提出不同的要求。一国货币当局进行国际储备结构管理的目的在于：针对不同储备资产各自的安全性、流动性、盈利性，根据扬长避短的原则不断调整四种不同形式的储备资产的数量组合，实现结构上的最优化，使其发挥最大的效能。而国际储备的结构管理主要集中在黄金和外汇两项储备资产上。

（1）安全性方面。黄金由于其内在价值相对稳定且具有相对独立性，因而具有较高的安全性。但黄金的这种安全性也是相对的，它是与其他金融资产相比较而言的。世界局势越是动荡不安，通货膨胀越是严重，黄金的安全性就越高，外汇资产的安全性就越得不到保障。相反，如果世界局势稳定，外汇资产的安全性就不会受到挑战，黄金的安全性就相对下降。

（2）流动性方面。自 20 世纪 70 年代起，黄金日渐成为一种缺乏流动性的储备资产，较外汇而言，兑现能力较差。

（3）盈利性方面。与外汇相比，黄金的盈利性较差，因为其本身不能增值。因此，鉴于黄金的安全性特点，在国际储备中保持适量的黄金储备是必要的，但是又由于其缺乏流动性和盈利性，储备数量一般不宜过多。由于在盈利性和流动性方面的优势，以及在国际储备中的高比例，外汇储备管理自然成为国际储备结构管理以及整个国际储备管理中最重要的内容。

11. 答：国际储备是一国货币当局为弥补国际收支逆差、维持本国货币汇率的稳定以及应付各种紧急支付而持有的、为世界各国所普遍接受的资产。一个国家的国际清偿力是指该国无须采取任何影响本国经济正常运行的特别调节措施即能平衡国际收支逆差和维护其汇率的总体能力。它们的区别是：

（1）从内容上看，国际清偿力除了包括该国货币当局直接掌握的国际储备资产外，还包括国际金融机构向该国提供的国际信贷以及该国商业银行和个人所持有的外汇和借款能力。因此，国际清偿力的范围要比国际储备大。

（2）从性质上看，国际储备是一个国家货币当局直接掌握持有的，其使用是无条件的。而对于国际清偿力的其他构成部分的使用，通常是有条件的。因此，从总体来讲，可以认为一个国家国际清偿力的使用是有条件的。

（3）从两者的数量关系上看，一个国家的国际清偿力是该国政府在国际经济活动中所能动用的一切外汇资源的总和，而国际储备只是其中的一部分。

12. 答：国际储备是一个国家经济实力的重要标志之一。各国保持国际储备有各种各样的出发点，就其基本作用而言，主要包括：

（1）国际储备可以维持一国的国际支付能力，调节临时性的国际收支不平衡，这是持有国际储备的首要作用。当一国发生国际收支困难时，通过动用外汇储备，减少在国际货币基金组织的储备头寸和特别提款权持有额，在国际市场上变卖黄金来弥补国际收支赤字所造成的外汇供求缺口，能够使国内经济免受采取调整政策产生的不利影响，有助于国内经济目标的实现。而当一个国家的国际收支发生结构性失衡而需要进行紧急的或长期的调整时，国际储备可以缓和调整过程的冲击，起到一定的缓冲作用，也为该国政府赢得了时间，从而降低了各种调整措施对国内供求均衡所带来的负效应。

（2）干预外汇市场，维持本国汇率稳定。国际储备可用于干预外汇市场，影响外汇供求，将汇率维持在一国政府所希望的水平。然而国际储备作为干预资产的效能，要以充分发达的外汇市场和本国货币的完全自由兑换为前提条件。当然，外汇干预只能在短期内对汇率产生有限的影响，它无法从根本上改变汇率变动的长期趋势。

（3）国际储备是一国向外举债和偿债能力的保证。国际储备充足，可以加强一国的资信，吸引外国资金流入，促进经济发展。国际金融机构和银行在对外贷款时，往往要事先调查借债国偿还债务的能力。一国持有的国际储备状况是资信调查、评价国家风险的重要指标之一。

六、分析讨论题

1. 答：参考思路：可从债务负担、经济增长实绩、经常项目差额、宏观经济政策以及汇率波动五个方面分析这两次危机爆发的不同原因，并据此将中国债务问题的现状及相关经济环境与拉美、欧洲进行对比。债务危机可以发生在不同类型的国家。中国经济发展具有特殊性，必须将经济增长的重点放在实体经济振兴上，打击资产泡沫，重新界定地方政府的财权和事权，建立债务责任追究机制，才能降低危机爆发的可能性和危害。

2、3. 答：参考思路：言之有理即可。

第十一章
汇率制度选择

第一部分　背景资料

一、学习准备

两次世界大战之间的20年中，国际上分裂成几个相互竞争的货币集团，各国货币竞相贬值，动荡不定。1944年7月1日，44个国家或政府的经济特使在美国新罕布什尔州的布雷顿森林召开了联合国货币金融会议（简称布雷顿森林会议），商讨战后的世界贸易格局，确立了以美元为中心的国际货币体系，即布雷顿森林体系。布雷顿森林体系是以美元和黄金为基础的金汇兑本位制，基本内容包括美元与黄金挂钩、其他国家的货币与美元挂钩以及实行固定汇率制。

1929—1933年的资本主义世界经济危机，导致金本位制崩溃，国际货币金融关系呈现出一片混乱局面。以美元为中心的布雷顿森林体系的建立，使国际货币金融关系有了统一的标准和基础，混乱局面暂时得以稳定；在布雷顿森林体系下，各国偏重内部平衡，国内经济比较稳定，危机和失业情形较战前有所缓和。除此之外，布雷顿森林体系的形成有助于生产和资本的国际化，汇率的相对稳定避免了国际资本流动引发的汇率风险，有利于国际资本的输入与输出。

在当时的政治经济环境下，布雷顿森林体系所构成的金汇兑本位制无疑成为合适的汇率制度体系，而随着经济不平衡的加剧，布雷顿森林体系也于1973年走向崩溃。可见，根据不同的国内外经济情况，选择相应的汇率形成机制是十分有必要的。

二、学习目的和要求

本章介绍开放经济体汇率制度选择的基本依据和现实中主要的备选方案，核心问题涉及固定汇率制和浮动汇率制各自的优点与不足、介于固定汇率与浮动汇率之间的各种汇率安排、最适货币区理论与实践以及美元化、汇率目标区等各国汇率制度选择方面的其他探索。具体地，需要理解和掌握如下知识点：

（1）固定汇率制的利弊；

（2）浮动汇率制的利弊；

（3）了解介于固定汇率与浮动汇率之间的各种汇率安排；

（4）熟悉最适货币区理论与实践，思考欧元启动后对国际金融领域的深远影响；

（5）了解各国在汇率制度选择上的其他探索，比如美元化、汇率目标区等。

三、知识准备

1. 宏观经济学、货币银行学、国际经济学等基本知识。
2. 开放经济的宏观经济均衡与政策基本知识。
3. 汇率的基本知识。

四、学习拓展

● **案例探讨**

■ 欧洲货币同盟：从梦想到现实

为了寻求持久和平和持续发展而建立统一的欧洲联邦，是西欧各国数百年来孜孜以求的梦想。

1971 年，欧共体部长会议通过了“魏尔纳计划”，这一计划旨在缩小成员国相互间汇率波动幅度，支持稳定的汇率安排，加强货币与经济政策协调，减少成员国经济结构的差异，集中成员国部分外汇，进一步稳定汇率，逐步实现共同体内的资本流动自由化。

1979 年 3 月，欧共体正式开始实施欧洲货币体系（EMS）建设规划。1991 年 12 月，欧共体在荷兰马斯特里赫特签署了《政治联盟条约》和《经济与货币联盟条约》。《经济与货币联盟条约》规定将建立经济与货币联盟（Economic and Monetary Union，EMU），届时在该联盟内实现统一的货币、统一的中央银行以及统一的货币政策。1994 年成立了欧洲货币局，1995 年 12 月正式决定欧洲统一货币的名称为欧元。

随着欧洲联盟成员国经济金融一体化进程的加快，一种具有新的性质和特点的区域性货币制度——欧洲货币制度诞生。

经过多年的努力，欧洲中央银行基本达到其稳定目标，其控制通货膨胀的政策更透明，更易于传达；欧洲货币联盟总体上加强了财政预算约束，使国家债务率有所下降，并改善了经济增长条件；在金融市场上，欧元作为经济结构改变的一体化发动机和催化剂发挥了作用。同时，也应看到在统一的货币政策和汇率政策下，通货膨胀率和经济增长率的趋异性仍在增加；欧元的引入也加剧了银行业的竞争，并导致了一系列结构性变化。综合来看，欧元的诞生利大于弊。

欧元的诞生对美元在国际金融格局中的主导地位直接提出了挑战，对现行国际货币体系提出了挑战，也对传统的国家主权提出了挑战，更是对地区和世界经济的长远发展具有深远影响，鼓舞着其他地区建立区域共同货币。

■ 20 世纪 90 年代以来阿根廷的汇率制度选择实践

1991 年 3 月，阿根廷通过了《可兑换法》，确立了比索钉住美元的货币局制度。在美元与比索 1∶1 的固定汇率下，外汇可完全自由兑换、自由买卖和汇出，政府或任何企业和个人在缔结交易合同、债务协议时均可以以美元结算。储户可随意将其银行存款转换为比索、美元或其他外币。政府在向本国银行贷款时，大多也是美元债务。联系汇率的实施，保证了阿根廷本币的稳定性，限制了政府发行货币的权力，进而从根本上限制了通胀率的上升，达到了平抑通胀、恢复经济增长的目的。但是，它的一些消极影响也逐步显现出来。这一汇率制度的实施，成为债务迅速增长的原因之一，这一汇率制度导致比索汇率高估，出口成本上升，进口激增，挤垮了本国制造业。实行联系汇率制度后，阿根廷政府还制定和实施了一系列促进经济实际上“美元化”的措施，如规定所有债务、合同、银行存贷款都可以以美元结算。这些做法使阿根廷经济在很大程度上“美元化”。然而，这种“美元化”既没有得到美国央行的同意和支持，更谈不上在货币准备上的基本保障，只能靠借外债加以支撑，因此是一种虚假的“美元化”。当阿根廷央行的国际储备下降到无法保证对外汇的需求时，这种假“美元化”的气泡也就随之破灭。

2002 年年初金融危机全面爆发后，阿根廷议会通过《经济紧急状态法》，宣布废除《可兑换法》，使这个实行了 10 年的比索钉住美元的货币局制度轰然崩溃。阿根廷正式放弃了货币局制度和比索 1∶1 兑换美元的汇率平价，取而代之的是二元汇率体制，同时伴以外汇管制和对从银行提现的限制。在二元汇率体制下，外汇市场被分为两部分，官方外汇市场（以 1 美元兑 1.4 比索的平价进行某些贸易和金融交易）和自由浮动外汇市场（进行其余的外汇交易）。后来，政府决定合并外汇市场，并让汇率自由浮动。阿根廷货币当局允许汇率自由浮动后，比索即快速贬值，几个月后达到了接近 4 比索/美元的水平。2002 年上半年，比索的名义有效汇率（NER）和实际有效汇率（RER）持续上升（分别为 260%和 180%）。2002 年 6 月末，在汇率达到 4 比索/美元的峰值后，比索开始平稳升值。

2002 年 6 月初，阿根廷加强了外汇管制，同时在外汇市场上实施干预。强制结汇的美元收入是货币当局美元储备的主要来源，从而允许货币当局增加在外汇市场上的干预数量。2003 年中期，名义和实际升值过程结束了，这主要是阿根廷政府在外汇市场上对汇率进行积极干预的结果。大约从 2003 年中期开始，稳定且富有竞争力的实际汇率在官方的政策导向中开始受到重视。政府通过外汇市场操作，使比索/美元价格在一定区间内波动。

从 2003 年开始，阿根廷的货币政策实施建立在数量型目标的基础上。从那时起，在每年初中央银行的货币计划中公布数量目标，货币当局承诺将货币总量维持在某一范围。实际上，中央银行也追逐汇率目标。当外汇市场从 2002 年中期开始稳定后，出现了外币的过量供应，从而产生了比索升值压力。一方面，中央银行开始购买国际货币，以减缓本币升值压力；另一方面，中央银行在外汇市场上的干预也造成了货币供应量过度扩张。随着私人部门在金融危机后对流动性吸收能力的下降，中央银行开始担心快速货币扩张对通胀的影响。因此，一方面中央银行通过干预外汇市场维持稳定且富有竞争力的实际汇率，另一方面，中央银行通过发行中央银行单据及票据等手段对过剩流动性进行冲销。

■ 拉美地区的美元化历程

20 世纪 70—80 年代，由于种种原因，在阿根廷以及一些其他拉美国家和地区均出现了民间美元化；巴拿马于 1904 年彻底实现了美元化；1999 年 1 月阿根廷总统梅内姆宣布将认真考虑实现经济的彻底美元化；2000 年和 2001 年，厄瓜多尔和萨尔瓦多分别宣布实行完全美元化。作为一种极端的固定汇率制和国际货币合作的方式，完全美元化引起了广泛争议。完全美元化作为一种汇率制度选择，其实施代表了拉美国家进行经济改革的一种思路。

在多年的改革过程中，拉美国家一直在追求较为理想的经济发展模式，完全美元化被它们视为一条新的出路具有深刻的原因。首先，20 世纪 90 年代墨西哥金融危机和亚洲金融危机的接连爆发，促使部分拉美国家不得不放弃原有的中间汇率制度。这些国家之所以会发生金融危机，在一定程度上应归结于它们的资本流动性非常高，同时这些国家几乎采用的都是钉住汇率制。鉴于全球化背景下日益增长的资本流动和克鲁格曼“三元悖论”的凸现，唯一可持久的汇率制度是自由浮动或具有非常强硬承诺机制的固定汇率制，在这两种制度之间的中间制度都正在消失或应当消失，即汇率制度的角点解。此外，从 20 世纪 90 年代危机的影响来看，在亚洲金融危机期间，拉美绝大多数实行各种浮动汇率制的国家利率变化幅度都大于阿根廷、巴拿马这些实行固定汇率制的国家，即浮动汇率国家所受的影响较大。在这样的实践和理论基础下，拉美国家必须衡量采取何种汇率制度。从各种经验教训和现实基础出发，部分拉美国家放弃原有的中间汇率制，选择完全美元化来寻求汇率的稳定和资本的自由流动。

其次，国际游资迅速膨胀，货币危机具有自我实现的机制，即使一国的宏观经济状况良好，外汇储备充足，也很难防范蓄意的投机冲击。尤其是在金融全球化高度发展的今天，资本的自由高速流动使得一国货币政策应对冲击的效力大为降低，控制危机的能力也非常有限。在这种情况下，一些拉美国家纷纷思考如何采取一种简单的一次性解决方法来逃避金融危机的影响。“无汇率制”，即实行美元化成为它们的理想选择。如杰弗里·弗兰克尔(Jeffrey Frankel) 认为：面对全球化的国际金融市场，保护本国利益的唯一方法就是彻底放弃自己的货币，把美元作为本国的法定货币。

总而言之，从 20 世纪末开始，拉美国家开始积极探索实施美元化，包括阿根廷、墨西哥等大国，也包括厄瓜多尔、萨尔瓦多等小国，其对完全美元化的兴趣是建立在国内的政策困境和全球经济环境基础上的。从一般规律上看，拉美国家普遍经历了一个改革的失败，实体经济存在脆弱性，与此同时，实施的金融自由化加剧了国内金融系统的风险，从而在经济中经历了高通货膨胀和汇率大幅波动，最后在特定的外部环境冲击（如其他国家的金融危机或主要出口产品价格的波动等）下，爆发了金融危机或经济危机，迫使拉美国家采取行动，而这时完全美元化作为一种极端的固定汇率制被纳入它们的制度选择中，这一点以厄瓜多尔和阿根廷为代表。当然，也有在非危机之中实施完全美元化的，如萨尔瓦多，但促使其实施完全美元化的动因是基本一致的。

- **相关网站**

■ 国际货币基金组织官方网站 http://www.imf.org/
■ 欧洲中央银行网站 http://www.ecb.europq.eu/
■ 中国人民银行网站 http://www.pbc.gov.cn/
■ 罗伯特·蒙代尔个人主页 http://www.robertmundell.net/
■ 中国货币网 http://www.chinamoney.com.cn/

第二部分 练习题

一、本章要义

练习说明：请结合学习情况在以下段落空白处填充适当的文字，使上下文合乎逻辑。

汇率制度指一国货币当局对本国（1）________和（2）________所做出的一系列安排或规定，其中以（3）________和（4）________为典型代表。

在固定汇率制下，汇率具有（5）__________特征，货币当局具有干预外汇市场、（6）________的义务，为所有市场交易主体的汇率预测提供一个心理上的（7）________，大大降低了交易的不确定性。在固定汇率制下，（8）________作为政府政策行为的一种外部约束机制，从而可以有效防止（9）________破坏正常的国际经济秩序。然而，固定汇率制并不意味着汇率水平（10）________，与浮动汇率制下汇率水平的连续微调相比，固定汇率制下往往要在（11）________程度时才进行一次（12）________。固定汇率制度下的汇率变动更加（13）________。

在浮动汇率制条件下，当国际收支出现（14）________后内外均衡的恢复具有（15）________机制。浮动汇率制将一国的货币政策从对（16）________的依附中解脱出来，实现了让汇率（17）________实现外部均衡，以（18）________和（19）________追求内部均衡。与此同时，浮动汇率制还将（20）________隔绝在外。在浮动汇率制下，外汇市场的非理性投机很容易造成（21）________，或者称为（22）________。

两种典型汇率制度究竟孰优难有定论，从本质上看，二者之间的比较与选择实际上就是各国政策当局对汇率安排（23）_______与（24）_______的权衡。于是现实世界里出现了（25）_______、（26）________、钉住平行幅度和（27）________等居中汇率安排。

最适货币区理论认为，如果在（28）________、（29）________和商品贸易方面高度一体化，经济高度开放的国家之间组成（30）________将会更有效地解决内部均衡和外部均衡的关系，从而降低（31）________，提高（32）________。世界上第一个区域共同货币——欧元于（33）________年 1 月 1 日正式启动，不仅对（34）________的地位、对

（35）________和（36）________提出挑战，更对地区和世界经济未来发展产生深远影响。

20世纪80年代，一些发展中国家在（37）________和（38）________的背景下，选择以（39）________代替本币充当流通中法定货币，这种情况被称为“（40）________”。相应的货币当局在放弃自主货币政策、（41）__________之外，更加放弃了庞大的（42）________收益。

（43）________指汇率在规定的目标区范围内自由浮动，中央银行有责任在汇率达到目标区上下限时对外汇市场进行干预，有“（44）________”和“（45）________”之分。如果目标区政策可信度高，且汇率在目标区内完全自由浮动，则目标区均衡汇率的变动轨迹是一条（46）________。

二、重要概念释义选择

练习说明：请从文字框中为下列国际金融术语选择匹配的定义或描述，将对应的字母编号填入空格处。个别术语有可能对应不止一个描述；如果需要，任意描述可以使用多次。

1. 国际货币体系__________
2. 特里芬难题__________
3. 固定汇率制__________
4. 浮动汇率制__________
5. 稳定性投机__________
6. 汇率错位或汇率超调__________
7. 固定汇率制的通货膨胀跨国传播__________
8. 浮动汇率制的通货膨胀跨国传播__________
9. 管理浮动__________
10. 爬行钉住__________
11. 钉住平行幅度__________
12. 爬行幅度__________
13. 货币委员会__________
14. 最适货币区理论__________
15. 经济先行论__________
16. 货币先行论__________
17. 蛇形浮动__________
18. 超蛇形联合浮动__________
19. 美元化__________
20. 硬目标区__________
21. 软目标区__________
22. 蜜月效应__________
23. 离婚效应__________

A. 外汇交易中只有坚持买入价值被低估的货币、卖出价值被高估的货币才能持续获利，这种投机策略其实有助于降低市场汇率波动程度，因为随时调整的汇率对于建立在预期基础上的投机活动形成一定约束。
B. 理性投机的汇率预期经常也会受一些似是而非、实际上并不重要的因素影响，使一些本不相关的事件导致汇率大幅波动。
C. 考虑到价格刚性的影响，汇率变动所引起的国内物价变动的净效应是物价上涨，即贬值国家的物价上升幅度超过升值国家的物价下降幅度，结果导致世界整体物价水平上升。
D. 在爬行钉住的基础上加上一定汇率变动幅度的一种带有组合特征的汇率安排。
E. 以汇率固定承诺作为政府政策行为的一种外部约束机制，从而有效防止各国通过汇率战、货币战等恶性竞争破坏正常的国际经济秩序。
F. 也称作蠕动汇率，由货币当局先确定本币与钉住货币平价，同时规定每次调整幅度，使汇率按照官方制定的公式定期自动调整。当市场汇率偏离平价时，中央银行有义务进场干预。
G. 指汇率变动幅度较大，且经常调整，目标区内容严格保密，政府不必通过货币政策来维系汇率目标区。
H. 指汇率变动幅度较小，较少调整，目标区内容对外公开，政府负有较大的以货币政策维持汇率目标区的责任。
I. 通过外汇市场上汇率的自发性变动，实现对宏观经济失衡的微调。
J. 1972 年欧共体六国达成联合浮动协议，规定汇率波动幅度不超过美元平价的±1.125%，较同期国际货币基金组织规定的汇率幅度更小，犹如“隧道中的蛇”。
K. 指某些情况下目标区均衡汇率表现出过度波动，甚至远离中心汇率的倾向，正如褪去了爱情冲动又暴露了双方缺点的婚姻生活，琐碎小事也可能激化矛盾，甚至导致离婚。
L. 虽然可能降低微观主体的外汇风险，但可能损害国家的金融安全。
M. 指允许市场汇率围绕中心平价更大幅度地波动，比如可以超过±2%。
N. 克鲁格曼、麦金农等学者提出：如果无须在固定汇率和浮动汇率之间做出非此即彼的选择，可以考虑在两种极端方式间寻找一种折中方案。
O. 如果在要素流动、金融交易和商品贸易方面高度一体化，经济高度开放的国家之间组成货币同盟，会更有效地解决内部均衡和外部均衡的关系，降低经济成本，提高经济收益。
P. “风险过度厌恶”的市场主体大多根据过去信息形成汇率预期，结果造成弱币更弱、强币更强。
Q. 外国出现严重通货膨胀时，外币对本币有贬值压力，若不采取冲销性货币政策，则在中央银行的外汇市场干预下，必然造成国内通货膨胀压力。
R. 如果经济基本面朝某一特定方向发生较大变动并表现出长期趋势，交易者会产生目标区政策将发生重大变化的预期，则大规模投机活动使均衡汇率越来越偏离中心汇率水平。

S. 外汇市场上频繁的、剧烈的汇率波动，可能给国际贸易和国际投资带来极大危害。
T. 也称作货币局制度，由独立的货币管理局或货币委员会取代中央银行，将本国货币钉住另一国货币，根据持有的外汇储备决定本币发行量，彻底放弃了货币政策自主性。
U. 也称作不清洁浮动，汇率是市场决定的，但是借助政府的不时入场交易来缓解过度变动压力，使汇率调整更加平滑。
V. 指目标区均衡汇率始终围绕中心汇率上下变动，具有自动回归倾向，宛如热恋中的情侣彼此依赖，即使短暂分别也总是急于重新相聚。
W. 2002 年 1 月 1 日，欧元纸币和硬币正式进入流通。各成员国货币经过半年时间混合流通后宣布退出历史舞台。自 2002 年 7 月 1 日起，欧元成为欧元区市场流通中的唯一法定货币。
X. 认为货币一体化必须具备一定的前提条件，成员国通货膨胀水平和经济增长速度应大体相当，不能过于悬殊。
Y. 认为货币一体化规定了各国汇率波动幅度，各成员国要遵守这一规则，协调国内政策，从而使通货膨胀、经济增长趋于一致。
Z. 1999 年诺贝尔经济学奖获得者蒙代尔是该理论的奠基人，他主张用生产要素的高度流动性作为确定最适货币区的标准。
a. ECU 由 EUA 演变而来，各国货币权重每 5 年调整一次。欧共体编制预算、制定农业共同价格、各货币当局相互清算都使用 ECU，欧洲汇率机制的中心汇率也以 ECU 作为计算标准。
b. 欧洲货币体系稳定成员国汇率的机制，以成员国货币对欧洲货币单位的法定一篮子比价为中心汇率，同时规定波动幅度和市场干预警戒线。
c. 当汇率接近目标区边界时，交易者就会产生回归中心汇率水平的稳定性预期，使汇率不必政府干预也不会超过目标区范围。
d. 指使用其他国家货币代替本币执行价值贮藏、交易媒介和价值尺度的现象。
e. 指布雷顿森林体系下，作为汇兑平价体系中心货币的美元必须保持币值坚挺，而作为国际储备货币的美元必须为世界各国提供充足的清偿手段，从而只能长期维持国际收支逆差，使美元面临极大的贬值压力，于是在美元价值趋势上出现悖论。
f. 由国际资本流动及贸易往来而引起的货币兑换关系，以及相应的国际规则或惯例组成的有机整体。一般包括四个方面的内容：安排国际汇率，确立国际储备货币，解决国际收支不平衡问题，协调各国经济政策。

三、判断对错

练习说明：判断下列表述是否正确，并在对（T）或错（F）上画圈。

T　F　1. 固定汇率制的最大优点是消除了个人和厂商对外经济交往中的汇率风险，有利于经济稳定，又有助于控制国内通货膨胀，因而成为新兴市场国家的最佳选择。

T　F　2. 固定汇率制并不意味着汇率水平永久固定不变，官方调整本币目标价值的理由往往并不局限于经济因素，所以固定汇率制下的汇率变动比浮动汇率制更加难以预测。

T F 3. 自由主义者强烈支持浮动汇率制，认为这种依靠汇率自发性地持续微调的汇率形成机制正是有利于经济效率的最好证据。

T F 4. 浮动汇率制下的汇率错位或汇率超调，是由外汇市场非理性投机活动造成的。

T F 5. 由浮动汇率制的两国模型可知，扩张性货币政策对外国经济具有输出效应，由此反驳了浮动汇率制容易引起国别间宏观经济政策冲突的观点。

T F 6. 管理浮动的优越之处在于降低不确定性，改善经济环境和金融环境，得到了政府官员和广大学者的一致肯定。

T F 7. 在超蛇形联合浮动机制中，一旦汇率波动达到警戒线，相应国家有义务进行联合干预。

T F 8. 欧元启动时共有 12 个成员国，包括奥地利、比利时、英国、法国、德国、希腊、爱尔兰、意大利、卢森堡、荷兰、葡萄牙和西班牙。

T F 9. 与可调整钉住汇率或钉住汇率幅度相比，目标区货币当局不严格承诺在任何情况下都维持汇率目标区，而且目标区本身可以随时根据经济形势变化而调整。

T F 10. 汇率目标区内均衡汇率的理想运行轨迹是一条 S 形的平滑曲线，但遗憾的是一直无法从实践中发现足以支持这一假说的有效证据。

四、不定项选择

练习说明：以下各题备选答案中有一个或一个以上是正确的，请将正确答案的字母编号填入括号内。

1. 固定汇率制的缺陷有（　　）。
   A. 一次性大幅度的官方汇率调整不利于经济效率
   B. 与资本高度流动是一种极不稳定的政策组合
   C. 以汇率目标替代货币目标
   D. 可能自动输入国外通货膨胀
2. 浮动汇率制的缺陷有（　　）。
   A. 汇率随时调整，不容易发现汇率明显高估或低估的投机机会
   B. 外汇市场动荡，造成国际资本流动规模扩大和速度加快
   C. 容易发生滥用汇率政策的问题
   D. 容易出现宏观经济政策工具不足的问题
3. 以下关于牙买加体系下固定汇率制和浮动汇率制的命题正确的有（　　）。
   A. 固定汇率制有利于稳定外汇市场，并可防止不正当竞争对世界经济的危害
   B. 浮动汇率制可以自动调节短期资金移动，预防投机冲击
   C. 固定汇率制有利于保障本国经济的自主性和货币政策的独立性
   D. 浮动汇率制下外部均衡可自动实现，并可避免通货膨胀的跨国传播

4. “超蛇形联合浮动”机制中成员国联合干预的做法有（　　）。
   A. 各国中央银行相互支持，抛出强币，支持弱币
   B. 向欧洲货币基金申请贷款干预外汇市场
   C. 弱币国紧缩银根，提高利率；强币国放松信贷，降低利率
   D. 调整中心汇率
5. 1989 年 6 月提交马德里峰会的《德洛尔报告》认为建立货币同盟应具备哪三个条件？（　　）
   A. 货币完全和不可取消的自由兑换
   B. 集中成员国外汇建立欧洲货币基金
   C. 在金融市场充分一体化的基础上实现资本的完全自由流动
   D. 取消汇率波动幅度，实行不可改变的固定汇率平价
6. 1993 年 11 月 1 日正式生效的《马斯特里赫特条约》为欧洲经济与货币联盟成员国制定了共同标准，它包括（　　）。
   A. 通货膨胀率不超过三个成绩最好国家平均水平的 1.5 个百分点
   B. 当年财政赤字不超过 GDP 的 3%，累积公债不超过 GDP 的 60%
   C. 政府长期债券利率不超过三个最低国家平均水平的 2 个百分点
   D. 在加入欧盟之前两年内汇率稳定，中心汇率不得重组
7. 1999 年欧洲中央银行开始运行，其职能包括（　　）。
   A. 维护欧元稳定　　B. 制定统一的货币政策
   C. 建立和完善货币政策机制　　D. 以上都不对

五、问答题

练习说明：请根据学习内容回答下列问题，计算题应给出过程和答案。

1. 回顾国际货币体系的演变过程，尝试总结每一种体系的主要优点与不足。当前的国际货币体系中主要存在哪些问题？
2. 请简述《马斯特里赫特条约》的基本内容及共同标准。
3. 简述欧洲货币体系的主要成就。
4. 欧元启动对现行国际金融体系、欧元区国家本身有何影响？
5. 请简要评述美元化的风险与收益。

六、分析讨论题

试比较固定汇率制与浮动汇率制的利弊。在你看来，一个国家选择固定汇率还是浮动汇率主要应考虑哪些问题？

第三部分 参考答案

一、本章要义

(1) 汇率形成
(2) 变动机制
(3) 固定汇率制
(4) 浮动汇率制
(5) 稳定性
(6) 维持固定汇率
(7) 名义锚
(8) 以汇率固定承诺
(9) 各国通过汇率战、货币战等恶性竞争
(10) 永久固定不变
(11) 问题积累到相当
(12) 大幅度调整
(13) 难以预测
(14) 不平衡
(15) 自动调节
(16) 汇率目标
(17) 自发调节
(18) 货币政策
(19) 财政政策
(20) 外国的通货膨胀
(21) 汇率错位
(22) 汇率超调
(23) 可信度
(24) 灵活性
(25) 管理浮动
(26) 爬行钉住
(27) 货币委员会
(28) 要素流动
(29) 金融交易
(30) 货币同盟
(31) 经济成本
(32) 经济收益
(33) 1999
(34) 美元
(35) 现行国际货币体系
(36) 传统国家主权
(37) 国内高通货膨胀
(38) 本币强贬值预期
(39) 美元
(40) 美元化
(41) 最后贷款人职责
(42) 货币发行
(43) 汇率目标区
(44) 硬目标区
(45) 软目标区
(46) S形平滑曲线

二、重要概念释义选择

1. f
2. e
3. E、L
4. I、S
5. A
6. B、P
7. Q
8. C
9. U
10. F
11. M
12. D

13. T	14. O、Z	15. X
16. Y	17. J	18. b
19. d	20. H	21. G
22. V、c	23. K、R	

三、判断对错

FTTFF　FTFTT

四、不定项选择

1. ABD	2. BC	3. AB	4. ABCD
5. ACD	6. ABCD	7. ABC	

五、问答题

1. 国际货币体系的演变过程分为国际金本位制（1881—1914）、布雷顿森林体系（1943—1973）和牙买加体系（1976—）。

（1）国际金本位制在主要国家普遍采用金本位货币制度后自动建立。国际金本位时期是自由资本主义迅速发展的“黄金时代”，实行由金平价决定的固定汇率制，国际收支可以自动调节，黄金和英镑（时称“纸黄金”）充当国际货币，被视为最接近理想国际货币体系的现实选择。国际金本位制的内在缺陷主要表现在两个方面：①黄金的增长速度远远赶不上世界经济和贸易的增长速度。国际清偿手段严重不足，不仅制约了经济增长，也限制了金融发展。②带有明显的“无组织—无纪律—无保障”的恶性循环特征。

（2）布雷顿森林体系：以美元为中心的布雷顿森林体系，在一定时期内对稳定资本主义世界各国货币汇率发挥了重要的作用，从而促进了战后的经济复苏，也为美国建立美元霸权地位提供了条件。布雷顿森林体系的主要缺陷有：①以汇兑平价体系的中心货币美元充当单一的国际储备货币，无法解决“特里芬难题”（Triffin dilemma）。这成为布雷顿森林体系致命的弱点，也是其最终崩溃的重要原因。②汇兑平价调整次数非常有限，但是美、英、法、德、日的经济实力和地位已经发生了巨大变化。美、英、法持续逆差，德、日巨额顺差，却无法通过汇率变化而调整相对价格。这种僵化状态无疑违背了“可调整钉住汇率制度”的初衷。此外，第二次世界大战后各国经济周期不同步，客观上要求采取差别经济政策来促进本国经济发展，但固定汇率制将各国政策行为捆绑在一起，难以独立实施经济政策。③IMF 协调解决国际收支不平衡的能力受到广泛质疑。一方面，由于汇率安排的内在矛盾导致各国国际收支问题严重，对贷款的需求大大超出 IMF 的财力范围。另一方面，贷款条件性要求对发展中国家普遍不利，从而限制了 IMF 更好地发挥全球“最后贷款人”的作用。

（3）牙买加体系：由于不存在统一的或是主要的汇率安排，牙买加体系被讥讽为“没有制度的体系”。客观地讲，牙买加体系所取得的成就和暴露出的问题几乎同样突出。

①汇率安排从集中接受人为的制度设计恢复为分散进行自由选择，从而呈现出浮动汇率制、固定汇率制以及介于二者之间的各种居中安排并存的复杂局面。②实现了国际储备多元化，从而较好地解决了特里芬难题。③依赖国际金融市场和国际经济政策协调解决国际收支问题。国家间的多边谈判与政策磋商，在缺乏规则协调机制的背景下，成功地确立了相机抉择的国际协调机制，不仅为各国解决国际收支问题提供了新的方案，而且有助于实现全球经济和金融的稳定发展。④国际货币基金组织承担了更多职责，在国际金融领域的地位和作用明显提高。牙买加体系下金融危机的爆发频率和危害性远远超过以往任何时候，除了依靠国际经济政策协调机制以外，国际货币基金组织被赋予了更多维护全球金融稳定的责任。

2. 答：《马斯特里赫特条约》的基本内容包括：

(1) 1990 年 7 月—1993 年底，使所有成员国以相同的条件加入汇率机制；

(2) 从 1994 年底起，各国开始调整经济政策，使得主要经济指标达到规定标准，缩小成员国经济发展水平的差距；

(3) 最早于 1997 年但不晚于 1999 年 1 月 1 日前发行单一货币——欧元。

《马斯特里赫特条约》的四个共同标准为：

(1) 通货膨胀率不超过三个成绩最好国家平均水平的 1.5 个百分点；

(2) 当年财政赤字不超过 GDP 的 3%，累积公债不超过 GDP 的 60%；

(3) 政府长期债券利率不超过三个最低国家平均水平 2 个百分点；

(4) 在加入欧盟之前两年汇率稳定，中心汇率不得重组。

3. 答：欧洲货币体系于 1979 年 3 月正式成立，主要成就表现在三个方面。

(1) 创立欧洲货币单位 ECU，并逐渐发展为各国普遍接受的欧洲共同货币。欧共体编制预算、制定农业共同价格、各货币当局相互清算都使用 ECU，欧洲汇率机制的中心汇率也以 ECU 作为计算标准。ECU 事实上已经成为欧共体的准货币。

(2) 确立超蛇形联合浮动机制，稳定成员国汇率。各成员国计算得到本币对 ECU 的法定一篮子比价，即中心汇率；同时规定一旦汇率波动达到警戒线，相应国家必须进行联合干预，并约定了干预方法。

(3) 成立欧洲货币基金。为了增强 EMS 干预外汇市场的力量，为共同货币 ECU 提供物质准备，以及给予国际收支困难的成员国更多的信贷支持，EMS 集中了各成员国（包括英国）黄金和外汇储备的 20%，有效地维护了超蛇形联合浮动汇率机制。

4. 答：欧元正式启动后对现行国际金融体系及欧元区国家本身都提出了巨大挑战。

(1) 对美元在国际金融格局中的主导地位直接提出了挑战。欧元与美元的竞争关系必然对世界经济格局产生实质性影响，无论美国愿意与否，这都是一个不可逆转的大趋势。

(2) 对现行国际货币体系提出了挑战。欧元启动后，首批 11 个国家在国际货币基金组织的份额合并达到 37%，而且这些国家已就在国际货币基金组织及其他相关国际机构中的代表权问题达成一致。与美国不足 20%的基金份额相比，欧盟国家有望在此后的国际政治经济舞台上掌握更大的话语权，改变国际政治力量对比。

(3) 对传统的国家主权提出了挑战。11 个国家在平等、互利的基础上在政治主权没有合并的前提下，在区域集团利益的驱使下，主动放弃本国货币，创造一个区域共同货币，以欧洲中央银行的统一货币政策替代各国独立货币政策，是货币制度的重大创新。事实上，迄今为止对区域共同货币的怀疑态度仍旧存在，关于欧元实践能否经得起时间考验的争议还在继续。

(4) 对地区和世界经济的长远发展具有深远影响。受到欧元成功启动的鼓舞，建立区域共同货币的议题也被许多其他国际经济组织提上日程，一时间地区性货币一体化成为国际金融领域最热门的话题。

5. 答：对于那些国内经济形势极不稳定、官方制定和实施货币政策以调控经济的能力又比较差的国家来说，学者们一般建议实行固定汇率制或货币委员会制，以解决公众对货币当局的不信任，增强抑制国内通货膨胀的效果。美元化，是实践中更加激进的做法，是将本币发行权一并放弃，使用其他国家货币代替本币执行价值贮藏、交易媒介和价值尺度等基本货币职能。

从 20 世纪 80 年代开始，一些发展中国家在国内通货膨胀居高不下，或是本币贬值预期强烈的背景下，毅然选择美元化道路。90 年代后期以来，北美洲、中美洲和南美洲的很多国家也都围绕本国货币的美元化问题展开了激烈争论。根据国际货币基金组织的统计，截至 2004 年 12 月 31 日，世界上有 29 个国家采用其他国家的货币作为本国法定的流通货币，其中完全废除本国货币的只有 9 个国家。

虽然在抑制通货膨胀、维护本币汇率方面取得了显著效果，但这些美元化国家不仅放弃了货币政策独立性，不再承担对国内金融体系的存款准备要求和最后救助责任，而且也因放弃了货币发行权而不再享有信用货币巨大的发行收益。显然，这笔巨额收益完全由该国流通中法定货币的发行主体享有，而发行国的经济状况和货币政策也自然传输到美元化国家。由此可以判断，经济规模比较大或宏观调控机制相对成熟的国家都不宜实行美元化。

六、分析讨论题

答：固定汇率制的优点包括：(1) 消除了个人和厂商从事对外经济交往时可能面对的汇率风险，有利于促进国际贸易和国际投资。(2) 货币当局有维持固定汇率的义务，有利于防止外汇投机，提高外汇市场稳定性。(3) 以汇率目标替代货币目标，有利于货币当局摆脱国内政治压力，抑制国内通货膨胀。(4) 以汇率固定承诺作为政府政策行为的一种外部约束机制，可以有效防止各国通过汇率战、货币战等恶性竞争破坏正常的国际经济秩序。

固定汇率制的主要缺陷表现为：(1) 固定汇率制下的汇率变动更加难以预测，这意味着几乎所有跨国合约都将因为没有进行套期保值而面临巨大风险，而且一次性大幅度的官方汇率调整对经济的震动和伤害通常也比较剧烈。(2) 可能损害国家的金融安全，特别是发展中国家随着经济开放程度不断提高，在动荡的国际金融环境中容易出现内外均衡冲突问题，成为投机资本攻击的对象。(3) 不仅丧失了本国货币政策的独立性，而且不可避免地会自动输入国外的通货膨胀。

世界上实行固定汇率制的国家大多数是那些经济基础比较薄弱而且经济制度也相对保守的国家，诸如古巴、朝鲜等国。

浮动汇率制的优点包括：(1) 汇率水平是一国对外经济交往情况的真实反映，这种均衡汇率有利于国际贸易和国际投资的开展，使商品、劳动、货币资金等各种资源在世界范围内实现合理配置。(2) 让汇率自发调节实现外部均衡，以货币政策和财政政策追求内部均衡，为政策当局准备了充足而且有效的政策工具。(3) 将外国的通货膨胀隔绝在外，有利于本国宏观经济稳定与相对独立发展。(4) 汇率随时调整，不容易发现汇率明显高估或低估的投机机会，自动调节短期资金移动，对投机活动形成一定约束。

浮动汇率制的主要缺陷表现为：(1) 外汇市场上频繁、剧烈的汇率波动，可能给国际贸易和国际投资带来极大危害。(2) 投机活动很容易造成汇率错位，引起国际资本频繁移动和更加严重的投机。(3) 在宏观经济政策方面受到很多批评，比如容易发生滥用汇率政策问题；容易引起国与国之间宏观经济政策冲突，影响国际经济秩序；而且同样存在通货膨胀的跨国传递问题。

世界上实行浮动汇率制的国家大多数都是发达资本主义国家，诸如美国、英国、日本和加拿大等国。

不难发现，浮动汇率与固定汇率两种制度孰优的确是个难有定论的问题。两种汇率制度对于经济效率、经济稳定以及货币政策自主性的影响有着显著的差异，两种汇率制度各有长处也各有不足。从本质上看，两种汇率制度的比较与选择，实际上就是各国政策当局根据自身实际条件以及所处的特定经济发展阶段，对汇率安排“可信度”与“灵活性”做出的权衡。正因为二者不可兼得，现实中大部分国家所选择的其实是介于固定汇率与浮动汇率之间的某种居中的汇率安排。

第十二章 国际资本流动与金融稳定

第一部分 背景资料

一、学习准备

2018年12月11日，中国加入世界贸易组织满17年。入世17年，我国以美元计算的外商投资额增长了1.72倍，平均年增长率达到6.1%。同时，我国对外投资也不断增长，从2001年入世至2018年年末，中国对外直接投资额净流量以年均28.16%的增速高速发展。截至2018年年底，中国境内投资者对外直接投资累计净额1.35万亿元。中国资本市场也积极稳妥地扩大开放，建立中外合资证券经营机构，实行合格境外机构投资者（QFII）制度。截至2019年9月，已批准313家境外机构获得合格境外机构投资者资格。截至2019年6月底，发行境外上市外资股的境内企业共277家，共有152家银行、证券、保险或信托类公司获得合格境内机构投资者（QDII）资格，共批准146只QDII基金。当今世界，经济形势复杂多变，国际金融市场动荡不已，我国的不断开放也给国内经济稳定和经济安全带来不确定性。国际资本流动有哪些形式？中长期、短期资本流动有怎样的经济效应？金融危机是怎样产生的？金融危机对我国有什么启示？通过对本章的学习，你会知道上述问题的答案。

二、学习目的和要求

本章主要介绍国际资本流动与金融危机之间的联系，以及国际金融组织的危机防范和管理职能。核心内容涉及国际资本流动的经济效应、解释金融危机形成机理的金融危机理论、控制国际资本流动不利影响的宏观经济政策工具、国际金融组织在金融危机防范与管理方面发挥的作用等。具体地，需要理解和掌握如下一些知识点。

(1) 中长期国际资本流动的经济效应；

(2) 短期国际资本流动的经济效应；

(3) 第一代至第四代金融危机理论模型；

(4) 控制国际资本流动不利影响的宏观经济政策。

三、知识准备

1. 宏观经济学基础知识。
2. 货币银行学基础知识。
3. 国际贸易和国际经济学相关知识。

四、学习拓展

- **案例探讨**

■ 20 世纪 80 年代的国际债务危机

发展中国家的债务危机起源于 20 世纪 70 年代，80 年代初爆发。1976—1981 年，发展中国家的债务迅速增长，到 1981 年外债总额累积达 5 550 亿美元，后两年经过调整，危机缓和，但成效并不大。1982 年 8 月 20 日，墨西哥政府宣布无力偿还其到期的外债本息，要求推迟 90 天。之后，众多国家，如牙买加、秘鲁、波兰、土耳其等国均效仿墨西哥宣布自身陷入了严重的债务危机，要求延期支付或进行债务重组，由此引发了全球性的发展中国家的债务危机。

从当时的外部宏观经济环境看这次国际债务危机的原因包括：首先，石油价格上涨是最直接原因，这使非产油发展中国家国际收支出现巨额逆差。其次，国际银行对发展中国家信贷的盲目增加对全面危机的爆发起了推波助澜的作用。最后，原材料价格的下跌和发达国家的反通货膨胀政策引起的国际金融市场利率的迅速上升，使发展中国家同时面临高利率和低出口价格。从国内经济政策来看，一方面是拉美国家的国内扩张性经济政策，另一方面是拉美国家扭曲的汇率政策，各国普遍高估本国货币，仍将本币钉住美元，不仅使出口萎缩，而且发生了大规模的资本外逃。

这场国际债务危机不仅危及债务国本身，而且涉及整个国际经济和金融体系，给世界经济的发展带来了严重而深远的影响。就债务国而言，拉美大部分国家因这场国际债务危机的袭击经济崩溃，摧毁了其长期经济增长的基础：国内投资萎缩，失业率攀高，通货膨胀率居高不下，经济增长减慢或停滞，政局不稳，社会动乱。就整个国际金融体系而言，国际债务危机的爆发不仅使发展中国家的债信严重下降，而且导致国际银行业陷入资金危机，严重影响了国际金融业乃至整个国际货币体系的稳定。

在 1982 年危机爆发时发展中国家的外债总额为 8 266 亿美元，到 1990 年反而增加至 12 463 亿美元。时至 20 世纪 90 年代末，债务问题更为复杂化，从亚洲金融危机的发生、发展中可以看出，在全球一体化日益深化的今天，债务危机已与货币危机相互交织构成金融危机的主要表现形式，对发展中国家的经济极具破坏性。

■ 1997年亚洲金融危机

1997年6月，一场金融危机在亚洲爆发，这场危机的发展过程十分复杂。到1998年年底，大体上可以分为三个阶段：1997年6—12月；1998年1—7月；1998年7月到年底。

第一阶段：1997年7月2日，泰国宣布放弃固定汇率制，实行浮动汇率制，引发了一场遍及东南亚的金融风暴。当天，泰铢兑换美元的汇率下降了17%，外汇及其他金融市场一片混乱。在泰铢波动的影响下，菲律宾比索、印度尼西亚盾、马来西亚林吉特相继成为国际炒家的攻击对象。8月，马来西亚放弃保卫林吉特的努力。一向坚挺的新加坡元也受到冲击。印度尼西亚虽是受“传染”最晚的国家，但受到的冲击最为严重。10月下旬，国际炒家移师国际金融中心香港，矛头直指香港联系汇率制。台湾当局突然弃守新台币汇率，一天贬值3.46%，加大了对港币和香港股市的压力。10月23日，香港恒生指数大跌1 211.47点；28日，下跌1 621.80点，跌破9 000点大关。面对国际金融炒家的猛烈进攻，香港特区政府重申不会改变现行汇率制度，恒生指数上扬，再上万点大关。接着，11月中旬，东亚的韩国也爆发金融风暴，17日，韩元兑美元的汇率跌至创纪录的1 008∶1。21日，韩国政府不得不向国际货币基金组织求援，暂时控制了危机。但到了12月13日，韩元兑美元的汇率又降至1 737.60∶1。韩元危机也冲击了在韩国有大量投资的日本金融业。1997年下半年日本的一系列银行和证券公司相继破产。于是，东南亚金融风暴演变为亚洲金融危机。

第二阶段：1998年初，印度尼西亚金融风暴再起，面对有史以来最严重的经济衰退，国际货币基金组织为印度尼西亚开出的药方未能取得预期效果。2月11日，印度尼西亚政府宣布将实行印度尼西亚盾与美元保持固定汇率的联系汇率制，以稳定印度尼西亚盾。此举遭到国际货币基金组织及美国、西欧的一致反对，国际货币基金组织扬言将撤回对印度尼西亚的援助，印度尼西亚陷入政治经济大危机。2月16日，印度尼西亚盾同美元比价跌破10 000∶1。受其影响，东南亚汇市再起波澜，新加坡元、马来西亚林吉特、泰铢、菲律宾比索等纷纷下跌。直到4月8日印度尼西亚同国际货币基金组织就一份新的经济改革方案达成协议，东南亚汇市才暂告平静。1997年爆发的东南亚金融危机使得与之关系密切的日本经济陷入困境。日元汇率从1997年6月底的115日元兑1美元跌至1998年4月初的133日元兑1美元；5、6月间，日元汇率一路下跌，一度接近150日元兑1美元的关口。随着日元的大幅贬值，国际金融形势更加不明朗，亚洲金融危机继续深化。

第三阶段：1998年8月初，趁美国股市动荡、日元汇率持续下跌之际，国际炒家对香港发动新一轮进攻。恒生指数一直跌至6 600多点。香港特区政府予以回击，香港金融管理局动用外汇基金进入股市和期货市场，吸纳国际炒家抛售的港币，将汇市稳定在7.75港币兑换1美元的水平上。经过近一个月的苦斗，国际炒家损失惨重，无法再次实现把香港作为“超级提款机”的企图。国际炒家在香港失利的同时，在俄罗斯更遭惨败。俄罗斯中央银行8月17日宣布年内将卢布兑换美元汇率的浮动幅度扩大到6.0∶1至9.5∶1，并推迟偿还外债及暂停国债券交易。9月2日，卢布贬值70%。这些都使俄罗斯股市、汇市急剧下跌，引发金融危机乃至经济、政治危机。俄罗斯政策的突变，使得在俄罗斯股市投下巨额资金的国际炒家大伤元气，并带动了美欧国家股市和汇市的全面剧烈波动。如果说在此之前亚洲金融危机还是区域性的，那么，俄罗斯金融危机的爆发，则说明亚洲金融危机已经超出了区域性范围，具有了全球性的意义。到1998年年底，俄罗斯经济仍没有摆脱困境。1999年，金融危机结束。

1997年金融危机的爆发有多方面的原因，我国学者一般认为可以分为直接触发因素、内在基础性因素和世界经济因素等几个方面。

直接触发因素包括：(1) 国际金融市场上游资的冲击。(2) 亚洲一些国家的外汇政策不当。为了吸引外资，一方面保持固定汇率，另一方面又扩大金融自由化，给国际炒家提供了可乘之机。(3) 为了维持固定汇率制，这些国家长期动用外汇储备来弥补逆差，导致外债的增加。(4) 这些国家的外债结构不合理，中期、短期债务较多。

内在基础性因素包括：(1) 透支性经济高增长和不良资产的膨胀。为了保持增长速度，亚洲一些国家靠借外债来维持经济增长。但由于经济发展的不顺利，到20世纪90年代中期，亚洲有些国家已不具备还债能力，不良资产膨胀。(2) 市场体制发育不成熟。一是政府在资源配置上干预过度，二是金融体制特别是监管体制不完善。(3) 出口替代型模式的缺陷。一是当经济发展到一定阶段时，生产成本会提高，出口会受到抑制，引起这些国家国际收支的不平衡；二是当这一出口导向战略成为众多国家的发展战略时，会形成相互挤压；三是产品的阶梯性进步是继续实行出口替代的必备条件，仅靠资源的廉价优势是无法保持竞争力的。亚洲这些国家在实现了高速增长之后，没有解决上述问题。

世界经济因素主要包括：(1) 经济全球化带来的负面影响。经济全球化使世界各地的经济联系越来越密切，但由此而来的负面影响也不可忽视，如民族国家间利益冲突加剧，资本流动能力增强，防范危机的难度加大等。(2) 不合理的国际分工、贸易和货币体制对发展中国家不利。在生产领域，仍然是发达国家生产高技术产品和高新技术，产品的技术含量逐级向欠发达、不发达国家下降，最不发达国家只能做装配工作和生产初级产品。在交换领域，发达国家能用低价购买初级产品和用垄断高价推销自己的产品。在国际金融和货币领域，整个全球金融体系和制度也有利于金融大国。

在亚洲金融风暴中，中国承受了巨大的压力，坚持人民币不贬值。由于中国实行比较谨慎的金融政策和前几年采取的一系列防范金融风险的措施，在危机中未受到直接冲击，金融和经济继续保持稳定。

这次金融危机影响极其深远，它暴露了一些亚洲国家经济高速发展背后的一些深层次问题。从这个意义上来说，这次金融危机不仅是坏事，也是好事，这为推动亚洲发展中国家深化改革、调整产业结构、健全宏观管理机制提供了一个契机。

- **相关网站**

■ 国际货币基金组织网站 http://www.imf.org/

■ 中国人民银行网站 http://www.pbc.gov.cn/

■ 保罗·克鲁格曼个人主页 http://www.princeton.edu/～pkrugman/

第二部分　练习题

一、本章要义

练习说明：请结合学习情况在以下段落空白处填充适当的文字，使上下文合乎逻辑。

中长期国际资本流入，有利于欠发达国家的（1）________，促进经济长期发展，也有助于平抑（2）________波动。资本流出满足了资本自身（3）________的天性，甚至可能带动出口，从而推动（4）________增长。其风险主要表现为（5）__________和（6）________，同时可能危害（7）________。由于资金使用与偿还之间存在明显的时间差异，所以中长期资本流出国要特别警惕（8）________的可能性。

（9）__________是短期国际资本流动的主体，特指那些没有固定投资领域、期限较短、以追逐（10）__________为目的而在各个金融市场之间移动的资本，主要流入一国证券市场、（11）________、（12）________，从事高风险、高预期收益的金融交易。国际短期资本流动对于促进（13）________和（14）________，以及解决（15）________等具有一定积极作用，也为跨国公司短期资产负债管理创造了便捷条件，但对于经济稳定和发展所造成的冲击同样突出。

通常认为，全部或大部分（16）________急剧、短期和超周期的恶化，便意味着金融危机发生。金融危机可以表现为多种形式，比如（17）________、（18）________、（19）________、债务危机等。如果主要金融领域都出现严重混乱，往往被称作（20）__________，或者（21）________。

第一代金融危机模型认为，政府主要经济目标之间的矛盾与冲突将最终导致固定汇率制无法维持，其中以（22）________与（23）________的威胁最大。第二代金融危机模型提出货币危机的根本原因是（24）________。（25）________促使第三代金融危机模型产生，该模型认为（26）________是爆发危机的直接原因，而泡沫的产生与积聚则在于（27）________的制度性因素。第四代金融危机模型尚未正式形成，但认为若一国（28）________已经出现某种程度的内外不均衡，那么（29）________所形成的巨大冲击很容易成为最终引起货币危机、金融危机全面爆发的导火索。

为控制国际资本流动的不利影响，各国可以选择货币政策、财政政策和汇率政策等工具，但要注意不同政策工具之间的搭配，因为不恰当的政策组合可能带来更为不利的后果。

二、重要概念释义选择

练习说明：请从文字框中为下列国际金融术语选择匹配的定义或描述，将对应的字母编号填入空格处。个别术语有可能对应不止一个描述；如果需要，任意描述可以使用多次。

1. 国际投机资本__________

2. 国际债务危机__________
3. 国际货币危机__________
4. 金融危机__________
5. 蜂拥行为__________
6. 中心周边模型__________
7. 板块联动效应__________
8. 过度借款综合征__________
9. 金融脆弱性__________
10. 华盛顿共识__________
11. 国际经济政策协调__________
12. G20 __________

A. 主要流入一国境内的证券市场、衍生产品市场、短期信贷市场，从事高风险高预期收益的金融交易。
B. 由于资金的使用与偿还之间存在着明显的时间差异，所以中长期国际资本流动内在即蕴涵了发生资金偿还困难的可能性。
C. 在货币危机的情形下，由于人们纯粹模仿的非理性行为，抛售本币的浪潮会逐级放大，最终导致固定汇率制崩溃。
D. 债务国因经济困难或其他原因不能按期足额地偿还债务本息，致使债权国和债务国之间的债权债务关系不能如期了结，并影响债权国与债务国各自正常经济活动及世界经济的正常发展。
E. 是人们在有限信息条件下理性选择的结果。一种解释是“领头羊效应”，另一种解释是基金管理人存在着委托-代理问题。
F. 指汇率变动在短期内超过一定幅度（比如 15%～20%）的情况。
G. 在信息不完全且不对称的情况下，任何不利传言都可能引发恐慌，存款人的挤提行为将制造更大的恐慌，带有明显的“自我实现”特点。
H. 特指那些没有固定投资领域、期限较短、以追逐高额短期利润为目的而在各个金融市场之间移动的资本。
I. 指以国际货币基金组织、世界银行等国际金融组织向广大发展中国家及经济转轨国家硬性推出的一套经济改革政策，包括财政紧缩、私有化、固定汇率、自由市场和自由贸易等内容。
J. 尽管对国家经济政策的影响难以量化，但拥有共同文化背景的国家似乎也很容易发生金融危机蔓延的现象。
K. 在固定汇率制下，表现为外汇市场上单方向地持续操作迫使该国最终放弃固定汇率制，导致外汇市场剧烈动荡的带有危机性质的事件。
L. 新兴市场国家普遍存在政府担保或隐含担保借款活动的现象，而且政府官员与各种金融活动之间往往保持千丝万缕的裙带关系，银行体系表现出严重的道德风险问题。
M. 得到美国财政部和华尔街的大力支持，并于 20 世纪 80 年代末首先在拉丁美洲得到推广的关于经济改革的政策建议。

N. 相互之间无法割裂的经济纽带会使一些国家具有相互依存度高、经济相关性高的特点，从而方便金融危机在地区间的蔓延。
O. 指利率、汇率、资产价格、企业偿债能力、金融机构倒闭数等金融指标，全部或者大部分出现恶化，致使正常的投融资活动无法继续的情况。
P. 新兴市场的商业银行在政府担保或隐含担保下，大量举借外债，同时过度发放风险贷款，导致国内资产价格膨胀。
Q. 不同的政策工具作用于不同对象，表现出不同的作用机制，拥有不同的政策效应，所以组合政策可以在多种政策工具间实现取长补短，取得事半功倍的效果。
R. 各国在考虑了国家间的经济联系后，调整各自的经济政策以达到多边互惠的目标，并实现全球利益最大化的协调过程。
S. 由美国、英国、日本、法国、德国、加拿大、意大利、俄罗斯、澳大利亚、中国、巴西、阿根廷、墨西哥、韩国、印度尼西亚、印度、沙特阿拉伯、南非、土耳其共 19 个国家以及欧盟组成的国际经济合作论坛。

三、判断对错

练习说明：判断下列表述是否正确，并在对（T）或错（F）上画圈。

T　F　1. 引进外资是促进欠发达国家资本形成的有效途径。

T　F　2. 国际资本流入在很大程度上会影响流入国的经济周期，对该国经济体系的稳定性不利。

T　F　3. 富裕的发达国家大多市场成熟度较高，比较容易寻找到高收益的投资项目。

T　F　4. 国民收入的提高会带动进口增加，如果新增进口的大部分订单落在了资本流出国的手上，则会在外贸乘数的作用下刺激该国国民收入水平提高。

T　F　5. 汇率变动可能因为恶化贸易条件或者引起旅游业波动而改变一国的资本流动状况，也可能因为货币当局调整外汇储备规模和结构而影响资本流向和数量，对国民收入、国内就业及经济发展等宏观因素不利。

T　F　6. 发展中国家的金融体系大多以直接融资为主，所以大规模国际资本流动对其证券市场形成一定威胁。

T　F　7. 发达的国际金融市场，不仅可以容纳规模庞大的国际投机资本，还为其提供了高度流动性。

T　F　8. 国际投机资本在世界各主要金融市场的套汇、套利活动，使国际金融交易中的汇率差异和利率差异明显缩小，呈现出价格一体化趋势。

T　F　9. 典型货币危机模型认为，在一国拥有充足的外汇储备时，持续性的财政赤字货币化与维持固定汇率制度的矛盾往往被掩盖。但是在外汇储备不足时，投机者抛售本币的狂潮便会激化这种内在矛盾，并以危机方式予以解决。

T　F　10. 第二代金融危机模型强调，捍卫固定汇率制度不是单纯的消耗性抛售外汇储备直到枯竭的过程，而应理解为政府权衡了利弊后的政策选择结果。

四、不定项选择

练习说明：以下各题备选答案中有一个或一个以上是正确的，请将正确答案的字母编号填入括号内。

1. 中长期国际资本流动对流入国的积极效应有（　　）。
   A. 有利于资本形成，促进经济长期发展　B. 有助于平抑经济周期
   C. 提高资金利用效率　D. 带动出口，提高国民收入
2. 中长期国际资本流动对流入国的风险或危害主要有（　　）。
   A. 外汇风险　B. 利率风险
   C. 危害银行体系　D. 导致债务危机
3. 导致 20 世纪 80 年代国际债务危机的原因主要有（　　）。
   A. 外债规模过大　B. 债务结构短期化
   C. 国内经济政策不当　D. 外部经济环境恶化
4. 以下关于近年来国际投机资本流动的说法正确的有（　　）。
   A. 大量流入发展中国家，主要是亚洲和欧洲
   B. 不再是“散兵游勇”，表现出“集团作战”特征
   C. 在重大国际金融危机中起到推波助澜的作用
   D. 规模大、周期短、流动速度快、风险高、影响巨大
5. 国际短期资本流动的积极效应有（　　）。
   A. 有助于国际金融市场发展　B. 有利于促进国际贸易发展
   C. 为跨国公司财务管理创造便捷条件　D. 有利于解决国际收支不平衡
6. 国际投机资本高流动性和高投机性的危害具体表现在（　　）。
   A. 影响外债清偿能力，降低国家信用等级
   B. 导致市场信心崩溃，使金融市场陷入混乱
   C. 造成国际收支失衡
   D. 引起汇率大幅度波动，本币面对极大贬值压力

五、问答题

1. 中长期国际资本流动对相关国家具有怎样的影响？
2. 短期跨国资本流动有哪些特点？可能的形成原因是什么？
3. 国际资本流动影响一国金融稳定的机制有哪些？
4. 一国为控制国际资本流动的不利影响，可以选择哪些政策工具？
5. 简述金融危机理论模型的变迁。
6. 国际经济政策协调的含义是什么？简要总结不同形式国际经济政策协调的利弊。

六、分析讨论题

2012年4月，中国证监会宣布，将QFII额度从300亿美元增加至800亿美元，RQFII额度也从200亿元人民币增加到700亿元人民币。《金融时报》2012年4月5日发表社评，对中国资本账户改革给予积极评价。社评认为，中国在推进资本账户改革方面取得了实质性的进展。你如何看待中国的资本账户开放？

第三部分　参考答案

一、本章要义

(1) 资本形成
(2) 经济周期
(3) 追逐利润
(4) 国民收入
(5) 外汇风险
(6) 利率风险
(7) 流入国银行体系
(8) 国际债务危机
(9) 国际投机资本
(10) 高额短期利润
(11) 衍生产品市场
(12) 短期信贷市场
(13) 国际金融市场发展
(14) 国际贸易发展
(15) 国际收支不平衡
(16) 金融指标
(17) 货币危机
(18) 银行业危机
(19) 股市危机
(20) 系统性金融危机
(21) 全面金融危机
(22) 长期巨额财政赤字
(23) 货币信贷持续扩张
(24) 政府宏观政策不协调
(25) 亚洲金融危机
(26) 经济泡沫崩溃
(27) 新兴市场国家金融体系
(28) 宏观经济
(29) 国际短期资本流动

二、重要概念释义选择

1. A、H
2. B、D
3. F、K
4. O
5. C、E
6. N
7. J
8. L、P
9. G
10. I、M
11. R
12. S

三、判断对错

TFFTT FFTTT

四、不定项选择

1. AB 2. ABC 3. ABCD 4. BCD
5. ABCD 6. ABCD

五、问答题

1. 答：中长期国际资本流动对相关国家都会产生积极的和消极的影响。

对资本流入国——特别是那些欠发达国家——的积极效应表现在：(1) 有利于欠发达国家的资本形成，促进经济长期发展。一方面，外资注入可以补充欠发达国家的资本供给，为其发展本国经济、增加出口贸易和提高国民收入创造有利条件。另一方面，有效利用引进的外资，可以拉动对本国人力资源与自然资源的需求，在提高资源利用效率的基础上提高生产能力，从而实现国民收入增长，逐渐摆脱贫困约束。(2) 有助于平抑国内经济周期的波动。国内企业和消费者可以在本国经济衰退时借助资本输入而继续从事投资和消费活动，在经济增长时再对外进行清偿。而对资本流入国的风险和危害则表现在：(1) 外汇风险。宏观上可能因为恶化贸易条件或者引起旅游业波动而改变一国的资本流动状况，也可能因为货币当局调整外汇储备规模和结构而影响资本流向和数量。微观上会加大企业成本与收益核算的难度，如果造成企业不能按时偿还到期外债，就会影响进一步的国际资本流入，并最终影响到相关企业的经营战略。(2) 利率风险。期限越长，利率风险程度越高。市场利率上升，会危害浮动利率债务人利益；市场利率下降，则会危害固定利率债务人利益。(3) 可能危害并不完善的银行体系。欠发达国家的金融体系大多以间接融资为主，国际资本流入不仅影响商业银行资产规模，也会改变银行的资产负债结构。低劣的贷款决策和对贷款风险管理不当容易造成银行业的巨额亏损。而冲销性货币政策，则相当于把国际资本流入的风险从商业银行体系转移到中央银行，造成潜在的公共成本。

对资本流出国来说，积极效应主要表现为：(1) 为原本闲置的资金开辟了更广阔的用武之地，并以此完成了从低效益资金向高效益资金的转变。如此既满足了资本自身追逐利润的天性，也符合资本输出国经济扩张的国家利益。(2) 如果流入国新增进口的大部分订单落在资本流出国，则在外贸乘数的作用下，资本输出可以推动本国收入水平进入一个螺旋上升的良性循环。违约是中长期国际资本流出国面对的最大危险。由于资金的使用与偿还之间存在着明显的时间差异，所以中长期国际资本流动内在即蕴涵了发生资金无法如期收回的可能性，这种情形被称作国际债务危机。

2. 答：近年来，一方面，国际投机资本大量流入发展中国家，主要是亚洲和拉美。另一方面，机构投资迅速发展，国际投机资本不再是“散兵游勇”，而是以投资基金等机构投资者身份出现的强大的“集团作战”。国际投机资本具有规模大、周期短、流动速度快、风险高、影响巨大等典型特点。每天有近 2 万亿美元的交易规模，相当于跨国实物贸易所需资本流动金额的几百倍。国际投机资本普遍应用杠杆交易，总是以较少的“按金”买卖几十倍甚至上百倍金额的金融合约。发达的国际金融市场，不仅可以容纳规模庞大的国际投机资本，还为其提供了高度流动性，因此快进快出是国际投机资本的标志性特征。由于投机决策是以预期为基础的，所以国际投机资本流动受心理因素的影响很大。超大规模的国际短期资本频繁地在各个市场上快速转移，也加大了国际金融市场的波动性，并掠夺式地冲击了广大发展中国家并不完善的金融体系和汇率制度，造成爆发金融危机的严重后果。

3. 答：一般而言，国际资本的大规模流动可能会对金融稳定产生一定的不利影响，其主要机制包括以下几个方面。

（1）国际资本外逃导致金融市场不稳定。

当金融危机发生时，国际资本会大量从东道国撤离，引发东道国资产价格泡沫的破灭。泡沫破灭将会恶化微观经济主体的资产负债表，从而影响其偿还贷款的能力，而这必将导致银行呆账与坏账的大幅度上升。银行为了抵御危机对自身的影响，相应地会实行紧缩的信贷政策，进而导致“信贷紧缩-不良贷款”的恶性循环。同时，资产价格的下跌也会加速国际资本的外逃，从而导致利率上升、汇率不稳定、国际收支失衡等一系列不良后果。

（2）FDI 撤资对金融稳定的负面影响。

在传统观点下，FDI 一般被认为是相对稳定的引资方式，但随着经济全球化和金融自由化的发展，很多因素使得 FDI 变得不那么稳定。特别是在金融危机发生时，虽然厂房和设备等不易流动，但投资者可以将其资产作为抵押，向银行取得贷款，再通过资本运作将这部分资金汇往国外，从而实现了 FDI 的实质性撤资，将金融风险转嫁给了东道国银行。同时，新兴市场国家的 FDI 近年来越来越多地流向第三产业，但第三产业 FDI 大多是市场需求型的，很难直接赚取外汇，而在设备进口和利润汇回等项目上又会形成对外支付。并且，随着盈利的不断持续，利润汇回的总额将会很快超过 FDI 的初始流入额，从而对东道国国际收支产生负面影响。

（3）国际证券投资对金融稳定的负面影响。

当国际资本流动表现为证券投资时，由于这一形式的短期资本是波幅最大并且最不稳定的资本，往往会加大东道国证券市场的波动。新兴市场国家的证券市场一般发育程度较低，当其开放本国证券市场时，更容易受到外部风险的冲击。特别是在发生金融危机时，证券投资最容易表现出逆转性。当投资者预期资产价格将会缩水时，便会迅速撤回资本，从而对东道国金融市场产生极大冲击。

（4）大规模国际资本流动的溢出效应对金融稳定造成不利影响。

当金融危机发生时，一国由于其自身市场流动性不足，会迫使金融中介清算其在其他市场上的资产，从而通过国际资本流动的渠道产生溢出效应，对与其具有密切金融关联的国家造成市场流动性不足等不利影响，引发相关国家大规模的资本外逃行为。而这一大规模的资本流动会造成资本流出国资产价格和汇率的波动，又进一步加剧了金融溢出效应。

(5) 共同贷款者效应引发的大规模国际资本流动导致金融危机的传染。

跨国银行一般会对多个国家和地区提供贷款，但当其中一个国家发生了金融危机，导致金融资产价格的下跌和偿债能力的下降，使得跨国银行在该国的投资发生损失时，为了提高资产质量、恢复资本资产比率以满足监管要求，作为共同贷款者的跨国银行就会收缩对其他国家的贷款。伴随着这一过程，就会产生大规模的国际资本流动，对这些国家的金融市场产生冲击，引发货币危机和银行业危机，从而使得金融危机在国际传递。

(6) 国际债务结构不合理引发金融不稳定。

新兴市场国家在面临资本稀缺对经济发展的制约时，往往选择对外举债，但逐步扩大的债务规模最终会带来过度信贷综合征的现象。在国际债务中，大多以短期外债为主，但通过金融机构的运作，这些短期外债被转化为国内的长期贷款，由此就造成了短期外债和国内长期贷款在结构和期限上的错配。同时，在经济过热时，以外币为主的债务会不断增加。而一旦受到外部冲击导致本币贬值时，借款者的偿债能力就会受到极大考验，可能无力偿还贷款，导致银行的不良贷款急剧上升，银行系统的稳定性受到冲击。

4. 答：一般来说，为控制国际资本流动的不利影响，各国可以选择的政策工具包括货币政策、财政政策和汇率政策。

(1) 货币政策。国际资本大量流入，容易导致国内信贷急剧扩张和本币实际汇率上升，并由此产生一系列其他经济问题。一国货币当局往往会采取冲销性货币政策来减轻这种影响，也称为中和操作。具体地，可以考虑调整法定存款准备金率、进行公开市场操作、改变再贴现率或是提前收回对商业银行的再贷款等办法。

(2) 财政政策。要控制大规模资本流入的不利影响，可以考虑采取紧缩性财政政策，或者直接对国际资本流动征税。财政紧缩可以有两个实现途径：一是减少财政支出，二是增加税收。更重要的是，财政紧缩将促使利率下降，对于抑制国际资本流入也是有好处的。

(3) 汇率政策。大量资本流入会造成本币实际汇率上升，所以汇率政策的作用就是让名义汇率实现某种变动，减轻资本流入对货币当局的压力。一般而言，允许本币升值有三方面的优点：①使货币供给、国内信贷以及国内银行体系免受资本大量流入的不利影响。②通过汇率调整国内相对价格，有助于缓解通货膨胀压力。③允许汇率波动带来一定的不确定性，可以很好地阻止国际投机资本的流入。而具体实施汇率政策时，可以考虑实行浮动汇率制、货币法定升值或是采取较灵活的汇率制度。

在控制国际资本流动的不利影响时，货币政策、财政政策和汇率政策往往是组合使用的。因为不同的政策工具作用于不同的对象，表现出不同的作用机制，拥有不同的政策效应，所以组合政策可以在多种政策工具间实现取长补短，取得事半功倍的效果。

5. 答：金融危机是指利率、汇率、资产价格、企业偿债能力、金融机构倒闭数等金融指标全部或者大部分出现恶化，致使正常的投融资活动无法继续的情况。

第一代金融危机模型认为，政府主要经济目标之间的矛盾与冲突将最终导致固定汇率制度无法维持，其中以长期巨额财政赤字和货币信贷持续扩张的威胁最大。在一国拥有充足外汇储备的时候，持续性的财政赤字货币化与维持固定汇率制度的矛盾往往被掩盖。但是在外汇储备不足时，投机者抛售本币的狂潮便会激化这种内在矛盾，并以危机方式予以解决。该模型证明了突发性的巨额资金抽逃行为是符合逻辑的理性行为，但对政府行为的假设却过于僵化。

第二代金融危机模型强调，政府是否维护固定汇率制度，是一种权衡各种利弊可能之后的政策选择结果。如果政府发现放弃固定汇率更加有利，完全有可能在毫无投机冲击的情况下就宣布本币贬值。该模型同样认为货币危机的根本原因是政府宏观政策不协调，金融市场只是提前预演了本该发生的事情，这在发展中国家之间引起了较大争议。

第三代金融危机模型在亚洲金融危机后逐渐形成，认为金融上层建筑的过度扩张导致了经济泡沫，泡沫崩溃是爆发危机的直接原因，而泡沫的产生与积聚则在于新兴市场国家金融体系的制度性因素。首先是商业银行在政府担保或隐含担保下存在“过度借款综合征”，大量举借外债，同时过度发放风险贷款，导致国内资产价格膨胀。其次，危机前的预算平衡和宏观经济政策稳健不过是表面现象，隐含的政府担保其实是隐蔽的财政预算赤字，发生危机只是早晚的问题。在宏观经济暗含纰漏、资产价格极度膨胀的情形下，金融体系的内在脆弱性只能使危机发生得更快。

第四代金融危机理论模型目前只是提出了一些基本观点：如果一国宏观经济已经出现了某种程度的内外不均衡，那么国际短期资本流动所形成的巨大冲击很容易成为最终引起银行危机、货币危机、金融危机全面爆发的导火索。这也是金融全球化背景下新兴市场国家发生金融危机的一个共性特征。

6. 答：国际经济政策协调是各国在考虑了国家间的经济联系后，调整各自的经济政策以达到多边互惠的目标，并实现全球利益最大化的协调过程。

国与国之间进行政策协调主要有两种基本形式：一种是规则协调，一种是相机抉择协调。规则协调是通过制定明确的规则来指导各国采取政策措施进行协调的方式，例如，国际金本位制、布雷顿森林体系和欧洲货币体系等。相机抉择协调是指当不存在对各国经济和政策行为的明确规定时，根据具体情况，针对某一特定事件，协商确定各国所应采取的政策组合。具体表现为各种经济峰会、国际协定以及国际论坛。

规则协调的决策过程清晰，可信度高，可以在较长时间里稳定运行。而且，国际协定规则作为外部约束，一方面，可以防止各国政府在实施宏观经济政策方面任意而为，保证政策的连贯性与可信度；另一方面，可以使各国政府以国际协定为理由执行国内经济政策，减少政策阻力。规则协调的缺点主要表现在：要保证规则的公正，要求规则可以实现各方主体的权利义务完全对等，照顾各方利益——这几乎是不可能完成的任务。

相机抉择协调的优点在于可以针对不同经济条件，就更为广泛的问题进行协调，但可行性与可信度往往遭到质疑。从可行性来看，每次政策协调行动都意味着各国政府的讨价还价势必使协调成本大大增加；而且很难对各国政府形成有效的约束，容易产生竞相违约和搭便车行为。从可信度来看，在这种协调方式下，协调措施由各国协商确定，缺乏一致的规则。由于具有较大的不确定性，所以很难通过公众预期来发挥政策竞争力。但如果国际经济关系复杂多变，难以采用理想的规则协调，则相机抉择协调也可能成为现实的最优选择。

六、分析讨论题

答：参考思路：可结合本章内容及国内外现状，分析中国资本账户开放的好处及危害、中国当前开放资本账户的条件、为完全开放资本账户还有哪些工作要做等，言之有理即可。

图书在版编目（CIP）数据

国际金融（第六版）学习指导书/陈雨露，王芳主编. --北京：中国人民大学出版社，2020.1
经济管理类课程教材. 金融系列
ISBN 978-7-300-27630-4

Ⅰ.①国… Ⅱ.①陈… ②王… Ⅲ.①国际金融-高等学校-教学参考资料 Ⅳ.①F831

中国版本图书馆 CIP 数据核字（2019）第 241350 号

经济管理类课程教材·金融系列
国际金融(第六版)学习指导书
主编 陈雨露 王芳
Guoji Jinrong (Di-liu Ban) Xuexi Zhidaoshu

出版发行	中国人民大学出版社		
社　　址	北京中关村大街 31 号	**邮政编码**	100080
电　　话	010－62511242（总编室）		010－62511770（质管部）
	010－82501766（邮购部）		010－62514148（门市部）
	010－62515195（发行公司）		010－62515275（盗版举报）
网　　址	http://www.crup.com.cn		
经　　销	新华书店		
印　　刷	固安县铭成印刷有限公司		
规　　格	185 mm×260 mm　16 开本	**版　　次**	2020 年 1 月第 1 版
印　　张	11.5	**印　　次**	2022 年 10 月第 2 次印刷
字　　数	263 000	**定　　价**	32.00 元

教学支持说明

1. 教辅资源获取方式

为秉承中国人民大学出版社对教材类产品一贯的教学支持，我们将向采纳本书作为教材的教师免费提供丰富的教辅资源。您可直接到中国人民大学出版社官网的教师服务中心注册下载——http://www.crup.com.cn/Teacher。

如遇到注册、搜索等技术问题，可咨询网页右下角在线 QQ 客服，周一到周五工作时间有专人负责处理。

注册成为我社教师会员后，您可长期根据您所属的课程类别申请纸质样书、电子样书和教辅资源，自行完成免费下载。您也可登录我社官网的"教师服务中心"，我们经常举办赠送纸质样书、赠送电子样书、线上直播、资源下载、全国各专业培训及会议信息共享等网上教材进校园活动，期待您的积极参与！

2. 高校教师可加入下述学科教师 QQ 交流群，获取更多教学服务

经济类教师交流群：781029042

财政金融教师交流群：182073309

国际贸易教师交流群：162921240

税收教师交流群：119667851

3. 购书联系方式

网上书店咨询电话：010－82501766

邮购咨询电话：010－62515351

团购咨询电话：010－62513136

中国人民大学出版社经济分社

地址：北京市海淀区中关村大街甲 59 号文化大厦 1506 室　100872

电话：010－62513572　010－62515803

传真：010－62514775

E-mail：jjfs@crup.com.cn